Gagner de l'argent depuis chez soi

depuis chez soi

Guide pratique pour résussir

Introduction

Pourquoi choisir de travailler depuis chez soi ?
Les avantages et les inconvénients.
Les outils indispensables pour réussir.

Chapitre 1 : comprendre les opportunités

1.1 Identifier vos compétences et vos passions.
1.2 Panorama des opportunités.
1.3 Évaluer vos objectifs financiers.
1.4 Les erreurs à éviter.
1.5 Faites le premier pas.

Chapitre 2 : freelancing et télétravail

2.1 Comprendre le freelancing.
2.2 Trouver des missions en freelance.
2.3 Télétravail pour entreprises.
2.4 Les avantages et défis du freelancing et du télétravail.
2.5 Précautions et bonnes pratiques.

Chapitre 3 : création et vente de contenu

3.1 Identifier votre niche et votre audience.
3.2 Lancer un blog ou une chaîne YouTube.
3.3 Créer et vendre des produits numériques.
3.4 Monétiser vos réseaux sociaux.
3.5 Les précautions à prendre.

Chapitre 4 : commerce en ligne

4.1 Identifier le bon produit ou service.
4.2 Choisir une plateforme de vente.
4.3 Gérer une boutique en dropshipping.
4.4 Optimiser vos ventes.
4.5 Les précautions à prendre.

Chapitre 5 : investissements et revenus passifs

5.1 Comprendre les revenus passifs.
5.2 Investir en ligne : actions, cryptomonnaies et plus encore.
5.3 Immobilier et crowdfunding immobilier.
5.4 Générer des revenus passifs avec des produits numériques.
5.5 Monétiser l'affiliation.
5.6 Les précautions à prendre.

Chapitre 6 : réseaux sociaux et influence

6.1 Choisir la bonne plateforme.
6.2 Construire une audience fidèle.
6.3 Monétiser votre audience.
6.4 Gérer les défis des réseaux sociaux.
6.5 Les précautions à prendre.

Chapitre 7 : économie collaborative et micro-tâches

7.1 Comprendre l'économie collaborative.
7.2 Participer aux micro-tâches.
7.3 Les meilleures plateformes pour l'économie collaborative et les micro-tâches.
7.4 Maximiser vos revenus dans l'économie collaborative.
7.5 Les précautions à prendre.

Chapitre 8 : organiser et optimiser votre temps

8.1 L'importance de l'organisation.
8.2 Créer un planning efficace.
8.3 Créer un environnement de travail optimal.
8.4 Gérer les distractions.
8.5 Trouver un équilibre entre vie professionnelle et personnelle.

Chapitre 9 : transformer les défis en opportunités

9.1 Comprendre les défis courants.
9.2 Maintenir la motivation.
9.3 Combattre l'isolement.
9.4 Gérer les imprévus financiers.
9.5 Cultiver une mentalité positive.

Chapitre 10 : évaluer et ajuster son activité pour progresser

10.1 L'importance de l'évaluation régulière.
10.2 Les outils pour mesurer vos performances.
10.3 Ajuster vos stratégies en fonction des résultats.
10.4 Fixer de nouveaux objectifs.
10.5 Adopter une mentalité de croissance.

Chapitre 11 : diversifier ses sources de revenus pour sécuriser ses gains

11.1 Pourquoi diversifier ses revenus ?
11.2 Identifier des sources de revenus complémentaires.
11.3 Construire un portefeuille de revenus diversifié.
11.4 Protéger et sécuriser vos revenus diversifiés.
11.5 Éviter les pièges de la diversification.

Chapitre 12 : trouver l'équilibre entre vie professionnelle et personnelle

12.1 Pourquoi l'équilibre est-il essentiel ?
12.2 Mettre en place des horaires structurés.
12.3 Créer un espace de travail dédié.
12.4 Apprendre à dire non.
12.5 Prendre soin de soi.

Chapitre 13 : mesurer son succès et planifier ses prochaines étapes

13.1 Définir le succès à votre manière.
13.2 Analyser vos performances.
13.3 Identifier les opportunités d'amélioration.

Introduction : travailler depuis chez soi, une opportunité sans précédent

Dans un monde en constante évolution, le travail à domicile est devenu bien plus qu'une tendance : c'est désormais une réalité pour des millions de personnes. Que ce soit par choix ou par nécessité, cette manière de travailler offre des opportunités uniques pour prendre le contrôle de son temps, générer des revenus et construire une activité adaptée à ses aspirations. Avant de plonger dans les différentes méthodes pour gagner de l'argent depuis chez vous, prenons un moment pour explorer pourquoi ce mode de vie séduit autant, tout en reconnaissant les défis qu'il peut poser.

Pourquoi choisir de travailler depuis chez soi ?

Le travail à domicile attire de plus en plus de personnes, et pour de bonnes raisons. Voici quelques avantages clés :

1. **Flexibilité incomparable** : Vous pouvez organiser votre emploi du temps selon vos préférences, choisir vos heures de travail et même adapter vos activités à votre rythme de vie. C'est une excellente option pour les parents, les étudiants, ou ceux qui souhaitent cumuler plusieurs activités.

2. **Élimination des trajets domicile-travail** : Plus besoin de perdre du temps dans les embouteillages ou les transports en commun. Le travail à domicile vous permet de transformer ces heures perdues en moments productifs ou de détente.

3. **Indépendance accrue** : Vous êtes votre propre patron. Vous choisissez vos projets, vos clients, et les tâches sur lesquelles vous souhaitez vous concentrer.

4. **Réduction des coûts** : Travailler de chez soi permet d'économiser sur les frais de transport, les repas à l'extérieur, et même certains coûts vestimentaires.

Cependant, cette liberté a aussi ses défis.

Les avantages et les inconvénients

Bien que séduisant, le travail à domicile n'est pas exempt de difficultés. Voici un aperçu équilibré :

Avantages :

- **Confort personnel** : Vous travaillez dans un environnement familier et adapté à vos besoins.

- **Meilleure conciliation travail-vie personnelle** : Vous pouvez intégrer des moments de qualité avec votre famille ou consacrer du temps à vos passions.

- **Opportunités diversifiées** : Grâce à Internet, il existe une multitude de façons de gagner de l'argent, accessibles à tous les profils.

Inconvénients :

- **Manque de séparation entre travail et vie personnelle** : Sans espace de travail dédié, il peut être difficile de déconnecter.

- **Isolement social** : L'absence de collègues ou d'interactions quotidiennes peut conduire à un sentiment de solitude.

- **Autodiscipline nécessaire** : Travailler de chez soi demande une grande capacité d'organisation et de gestion du temps.

- **Revenus incertains** : Surtout au début, les revenus peuvent être variables et nécessiter une planification rigoureuse.

Connaître ces aspects vous permettra d'anticiper les défis et de mettre en place des solutions adaptées pour maximiser vos chances de succès.

Les outils indispensables pour réussir

Pour tirer le meilleur parti du travail à domicile, il est essentiel de s'équiper des bons outils. Voici une liste des indispensables pour démarrer :

1. **Un espace de travail dédié** : Même s'il s'agit d'un simple coin dans votre maison, aménagez un endroit confortable et ergonomique pour travailler efficacement.

2. **Un ordinateur fiable** : Choisissez un appareil adapté à vos activités, qu'il s'agisse de création de contenu, de freelance ou de commerce en ligne.

3. **Connexion Internet haut débit** : Une connexion stable est cruciale pour les visioconférences, le téléchargement de fichiers ou la gestion de votre activité en ligne.

4. **Logiciels et applications** :

   ○ **Outils de gestion du temps** : Trello, Asana ou Google Agenda pour planifier vos tâches.

   ○ **Applications de communication** : Zoom, Slack ou Microsoft Teams pour rester connecté avec vos clients ou partenaires.

   ○ **Logiciels spécifiques** : Photoshop pour les graphistes, WordPress pour les blogueurs, ou Excel pour gérer vos finances.

5. **Équipement supplémentaire** : Un casque antibruit, une lampe adaptée, et un bureau réglable peuvent grandement améliorer votre confort et votre productivité.

6. **Formation continue** : Accédez à des plateformes comme Udemy, Coursera, ou LinkedIn Learning pour développer vos compétences et rester compétitif dans votre domaine.

Travailler depuis chez soi : un engagement envers vous-même

Travailler de chez soi n'est pas une simple activité ; c'est une opportunité de créer un mode de vie aligné avec vos ambitions et vos valeurs. Ce livre est conçu pour vous accompagner à chaque étape de cette aventure. Nous explorerons une multitude d'options adaptées à vos compétences, vos passions, et vos objectifs financiers. Que vous soyez novice ou expérimenté, vous trouverez des stratégies pratiques et des conseils concrets pour construire une activité qui vous ressemble.

Êtes-vous prêt à relever le défi et à découvrir tout ce que le travail à domicile peut vous offrir ? Plongeons ensemble dans le premier chapitre, où nous commencerons par explorer les nombreuses opportunités qui s'offrent à vous.

Chapitre 1 : comprendre les opportunités

Le monde numérique regorge d'opportunités pour générer des revenus depuis chez soi. Cependant, avant de plonger dans le vif du sujet, il est essentiel de comprendre les bases : quelles sont vos compétences ? Quels sont vos objectifs financiers ? Et surtout, quel type d'activité correspond à votre profil ?

1.1 Identifier vos compétences et vos passions

Pour réussir, il est crucial de miser sur vos forces et vos passions. Prenez le temps de réfléchir à ce que vous savez faire, mais aussi à ce qui vous motive. Voici des questions pour vous guider :

- Êtes-vous doué(e) en écriture, communication, ou enseignement ?

- Possédez-vous des compétences techniques, comme le codage, le graphisme ou la photographie ?

- Avez-vous un passe-temps ou une expertise que vous pourriez monétiser (cuisine, bricolage, jardinage) ?

- Préférez-vous travailler seul(e) ou en interaction avec des clients ?

Exemple 1 : Émilie et sa passion pour l'écriture
Émilie adore écrire depuis qu'elle est adolescente. Elle a décidé de rédiger des articles pour des blogs et des entreprises via des plateformes comme Upwork. Aujourd'hui, elle gagne environ 1 500 € par mois en travaillant quelques heures par jour.

Exemple 2 : Théo et ses compétences en design
Théo, graphiste amateur, a appris à utiliser Canva et Photoshop grâce à des tutoriels YouTube. Il a commencé à proposer des designs simples, comme des logos et des flyers, à des petites entreprises locales.

Exemple 3 : Laura et ses talents de couturière
Laura, passionnée de couture, a commencé à créer des accessoires uniques qu'elle vend sur Etsy. Ses premiers produits ont connu un succès immédiat, et elle utilise maintenant Instagram pour promouvoir sa boutique.

Conseil : Prenez une feuille de papier et listez vos compétences, passions, et les activités dans lesquelles vous excellez ou que vous aimeriez apprendre.

1.2 Panorama des opportunités

Les options pour travailler depuis chez soi sont vastes. Voici un aperçu des plus courantes :

1. **Freelance** : Offrir vos services en rédaction, traduction, design graphique, programmation ou gestion de projets.

2. **Création de contenu** : Lancer un blog, une chaîne YouTube ou un podcast.

3. **Vente de produits** : Créer une boutique en ligne ou utiliser des plateformes comme Amazon, Etsy, ou Vinted.

4. **Micro-tâches et services** : Participer à des sondages rémunérés, effectuer des missions courtes sur des sites comme TaskRabbit ou Fiverr.

5. **Économie collaborative** : Louer vos biens (chambre via Airbnb, voiture via Getaround) ou vos compétences locales (cours particuliers, bricolage).

Exemple 1 : Hugo, freelance en rédaction web
Hugo propose ses services en rédaction SEO sur Fiverr. Avec des commandes régulières, il génère un revenu de 2 000 € par mois, tout en travaillant depuis son domicile.

Exemple 2 : Marion, créatrice de contenu sur YouTube
Marion partage des astuces de décoration sur sa chaîne YouTube. En un an, elle a accumulé 20 000 abonnés et commence à gagner des revenus grâce aux publicités.

Exemple 3 : Paul, vendeur sur Etsy
Paul fabrique des objets en bois recyclé. Il a ouvert une boutique sur Etsy, où il vend des étagères et des décorations. Ses produits lui rapportent un complément de revenu de 800 € par mois.

Conseil : Analysez ces options en fonction de vos compétences et de vos préférences pour identifier celles qui vous conviennent le mieux.

1.3 Évaluer vos objectifs financiers

Il est important de définir clairement vos attentes financières. Cela vous permettra de choisir une activité réaliste et adaptée à vos besoins. Posez-vous ces questions :

- **Quel est mon objectif financier ?** : Cherchez-vous un complément de revenu (500 € par mois) ou un revenu principal (2 000 € ou plus) ?

- **Combien d'heures puis-je consacrer par semaine ?** : 5 heures ? 20 heures ? Plus ?

- **Ai-je besoin d'un revenu immédiat ou puis-je attendre quelques mois avant de gagner de l'argent ?**

Exemple 1 : Sophie, étudiante à temps partiel
Sophie souhaite gagner 300 € par mois pour ses dépenses personnelles. Elle s'est tournée vers les sondages rémunérés et les micro-tâches sur des sites comme Clickworker.

Exemple 2 : Maxime, salarié cherchant un complément de revenu
Maxime, employé à temps plein, consacre ses soirées à la rédaction d'articles pour des blogs. En moyenne, il gagne 800 € par mois en supplément de son salaire.

Exemple 3 : Clara, retraitée active
Clara veut générer un revenu stable pour financer ses voyages. Elle a lancé un blog sur le jardinage et gagne maintenant 1 000 € par mois grâce aux publicités et à l'affiliation.

Conseil : Notez vos objectifs sur une feuille pour rester concentré(e) sur ce que vous souhaitez atteindre.

1.4 Les erreurs à éviter

Se lancer dans une nouvelle activité comporte des risques. Voici les erreurs les plus courantes et comment les éviter :

1. **Se précipiter** : Prenez le temps de bien choisir une activité adaptée à vos compétences et objectifs.

2. **Croire aux gains rapides** : Les "gains faciles" sont souvent des arnaques. Méfiez-vous des promesses irréalistes.

3. **Négliger la concurrence** : Étudiez les concurrents dans votre domaine pour trouver une niche ou vous différencier.

4. **Oublier la légalité** : Déclarez vos revenus selon la réglementation de votre pays. Par exemple, en France, utilisez le régime de micro-entreprise si nécessaire.

Exemple 1 : Arnaud, victime d'une arnaque

Arnaud a payé 200 € pour un "kit miracle" censé lui permettre de travailler en ligne. Il n'a jamais rien reçu et a perdu son argent. Maintenant, il vérifie toujours la fiabilité des plateformes avant de s'inscrire.

Exemple 2 : Emma, débordée

Emma a essayé de gérer un blog, une boutique en ligne et des missions freelance en même temps. Elle s'est vite épuisée. Maintenant, elle se concentre uniquement sur sa boutique.

Exemple 3 : Nathan, mal informé

Nathan a vendu des produits faits maison sans les déclarer. Il a reçu une amende pour non-déclaration de revenus. Il s'est depuis enregistré comme micro-entrepreneur.

1.5 Faites le premier pas

Avec une meilleure compréhension de vos compétences, objectifs et des opportunités disponibles, il est temps de passer à l'action. Voici comment commencer :

1. **Sélectionnez une ou deux activités** qui vous intéressent le plus.

2. **Formez-vous gratuitement** via des vidéos YouTube, des blogs ou des webinaires.

3. **Lancez un projet test** pour valider votre idée sans risquer trop d'argent.

Exemple inspirant :

Julie, passionnée de cuisine, a commencé par publier des recettes sur un blog gratuit. Après avoir gagné ses premiers 100 € via la publicité, elle a investi dans un nom de domaine et un hébergement professionnel.

Résumé du chapitre

Avant de vous lancer dans une activité à domicile :

1. Identifiez vos compétences et passions.

2. Choisissez une activité adaptée à vos ressources et objectifs.

3. Restez vigilant face aux pièges et respectez les règles légales.

Dans le prochain chapitre, nous explorerons en détail le freelancing et le télétravail, deux piliers pour débuter rapidement depuis chez soi.

Chapitre 2 : freelancing et télétravail

Le freelancing et le télétravail sont parmi les options les plus populaires pour gagner de l'argent depuis chez soi. Ces activités offrent une grande flexibilité, permettant de choisir vos horaires, vos clients, et les missions qui vous intéressent. Dans ce chapitre, vous découvrirez comment démarrer, les meilleures plateformes pour trouver des opportunités, et des conseils pour réussir.

2.1 Comprendre le freelancing

Le freelancing consiste à offrir vos compétences à des clients de manière indépendante. Vous êtes libre de choisir vos missions, vos tarifs, et vos horaires. Voici les domaines les plus courants dans le freelancing :

- **Rédaction** : Articles de blog, contenus web, rédaction technique.

- **Graphisme** : Création de logos, bannières, illustrations.

- **Traduction** : Adaptation de textes pour différents publics.

- **Marketing digital** : Gestion de campagnes publicitaires, SEO, community management.

- **Développement web** : Création et maintenance de sites internet.

Exemple 1 : Clara, rédactrice freelance
Clara adore écrire et a commencé par proposer ses services sur des plateformes comme Upwork. Sa spécialité est la rédaction d'articles optimisés

pour le référencement (SEO). Après trois mois, elle génère un revenu stable de 1 500 € par mois.

Exemple 2 : Marc, graphiste indépendant
Marc, passionné par le design, propose des services de création de logos sur Fiverr. Il facture 100 € par logo et réalise environ 10 commandes par mois, ce qui lui permet de dégager un revenu de 1 000 €.

Exemple 3 : Isabelle, traductrice trilingue
Isabelle, qui parle couramment anglais, français et espagnol, s'est inscrite sur ProZ, une plateforme dédiée à la traduction. Elle a trouvé plusieurs clients réguliers et gagne 2 000 € par mois.

Conseil : Si vous débutez, commencez par des tarifs compétitifs pour obtenir vos premiers clients et construire un portfolio solide.

2.2 Trouver des missions en freelance

Pour débuter en freelance, il est essentiel de trouver des plateformes fiables. Voici quelques-unes des meilleures options :

1. **Upwork** : Idéal pour trouver des missions variées (écriture, design, programmation). Vous pouvez postuler à des projets ou être contacté directement.

2. **Fiverr** : Conçu pour les micro-services, Fiverr vous permet de proposer des "gigs" (services spécifiques) avec des tarifs de départ attractifs.

3. **Malt** : Plateforme européenne populaire pour les professionnels du marketing, du design, et du développement.

Exemple 1 : Julien, développeur web
Julien a créé un profil sur Malt où il propose ses services pour 300 € par jour. En travaillant 10 jours par mois, il génère 3 000 €.

Exemple 2 : Sophie, assistante virtuelle
Sophie propose des services d'assistance administrative sur Upwork. Elle aide les entrepreneurs à gérer leurs e-mails et leurs plannings pour 20 € de l'heure.

Exemple 3 : Mélanie, spécialiste en marketing

Mélanie propose des audits de stratégie digitale sur Fiverr. Elle facture 150 €
par audit et reçoit en moyenne trois commandes par semaine.

Conseil : Prenez soin de créer un profil professionnel attractif. Ajoutez une
photo, décrivez vos compétences, et incluez des exemples de vos réalisations.

2.3 Télétravail pour entreprises

Le télétravail consiste à travailler à distance pour une entreprise en tant que
salarié ou contractuel. Avec l'essor du travail hybride, de nombreuses
entreprises proposent des postes à domicile dans divers secteurs :

- **Service client** : Répondre aux appels ou e-mails des clients.

- **Rédaction web** : Produire du contenu pour des sites et des blogs.

- **Gestion des réseaux sociaux** : Animer et modérer des pages sur
  Facebook, Instagram ou LinkedIn.

Exemple 1 : Adrien, agent de service client

Adrien travaille pour une entreprise d'e-commerce. Depuis chez lui, il répond
aux questions des clients par e-mail et via un chat en ligne. Il gagne 1 800 €
par mois en CDI.

Exemple 2 : Camille, modératrice de réseaux sociaux

Camille modère les commentaires pour une marque de cosmétiques. Elle
travaille à temps partiel et gagne 800 € par mois.

Exemple 3 : Nathan, rédacteur web

Nathan écrit des descriptions de produits pour une boutique en ligne. Il est
payé à la tâche et gagne environ 2 000 € par mois en fonction de son volume
de travail.

Conseil : Consultez des sites comme LinkedIn, Indeed ou Remote.co pour
trouver des offres de télétravail dans votre domaine.

2.4 Les avantages et défis du freelancing et du télétravail

Avantages :

1. **Flexibilité** : Vous gérez vos horaires et choisissez vos projets.

2. **Revenus potentiellement élevés** : Vos gains dépendent de vos compétences et de vos efforts.

3. **Diversité des missions** : Travailler pour plusieurs clients permet d'acquérir une expérience variée.

Défis :

1. **Revenus variables** : Il faut anticiper les périodes creuses.

2. **Autodiscipline** : Travailler chez soi demande une grande organisation.

3. **Concurrence** : Sur certaines plateformes, il peut être difficile de se démarquer.

Exemple 1 : Sarah, une rédactrice en quête de stabilité
Sarah a connu un début difficile en freelance, car elle n'avait pas de clients réguliers. En diversifiant ses plateformes et en améliorant son portfolio, elle a trouvé une stabilité après six mois.

Exemple 2 : Léo, graphiste multitâche
Léo jongle entre plusieurs missions en graphisme, mais il peine à organiser son emploi du temps. Il a décidé de limiter le nombre de projets qu'il accepte pour mieux gérer sa charge de travail.

Exemple 3 : Clara, télétravailleuse disciplinée
Clara, qui travaille en télétravail pour une entreprise, se fixe des horaires stricts pour éviter les distractions et reste productive.

Conseil : Investissez dans un espace de travail dédié chez vous. Une table bien organisée et un environnement calme favorisent la concentration.

2.5 Précautions et bonnes pratiques

Le freelancing et le télétravail offrent une grande liberté, mais il est important de respecter certaines règles pour éviter les problèmes :

1. **Respectez la légalité** : Déclarez vos revenus selon les lois de votre pays (en France, via le statut de micro-entrepreneur, par exemple).

2. **Méfiez-vous des arnaques** : Ne payez jamais pour accéder à une offre d'emploi. Les vraies plateformes de freelancing ne demandent pas d'argent pour commencer.

3. **Protégez vos droits** : Si vous travaillez pour une entreprise, lisez attentivement votre contrat pour éviter les abus.

Exemple : Pauline, victime d'une arnaque

Pauline a accepté une offre de télétravail qui demandait un "dépôt de garantie" pour recevoir du matériel informatique. Elle n'a jamais reçu d'équipement et a perdu 500 €. Elle vérifie désormais la fiabilité des entreprises avant de postuler.

Résumé du chapitre

Le freelancing et le télétravail offrent des opportunités variées pour travailler depuis chez soi. Pour réussir :

1. Identifiez vos compétences et créez un profil professionnel.

2. Explorez des plateformes fiables et postulez à des missions adaptées à votre niveau.

3. Organisez votre emploi du temps et restez discipliné.

Dans le prochain chapitre, nous explorerons les opportunités liées à la création et à la vente de contenu, une activité idéale pour les passionnés de partage et de créativité.

Chapitre 3 : création et vente de contenu

La création et la vente de contenu représentent une avenue passionnante pour gagner de l'argent depuis chez soi, surtout si vous aimez partager vos idées ou avez un talent créatif. Que vous écriviez, filmiez, ou conceviez des cours en ligne, le contenu peut devenir une source de revenus stable.

Dans ce chapitre, nous explorerons comment transformer vos passions en contenu monétisable et vous donnerons des exemples concrets pour vous inspirer.

3.1 Identifier votre niche et votre audience

Pour réussir dans la création de contenu, commencez par définir une niche qui vous passionne et qui attire une audience :

- **Qu'est-ce qui vous intéresse ?** Cuisine, voyage, fitness, finances personnelles, développement personnel...

- **Quels problèmes pouvez-vous résoudre ?** Offrir des conseils pratiques, inspirer ou divertir.

- **Quelle plateforme vous convient le mieux ?** Blog, YouTube, Instagram, TikTok, ou podcasts.

Exemple 1 : Mélanie, blogueuse cuisine
Mélanie adore cuisiner des plats simples et économiques. Elle a lancé un blog où elle partage ses recettes. En attirant 10 000 visiteurs par mois, elle gagne 300 € grâce à la publicité et l'affiliation.

Exemple 2 : Julien, créateur de vidéos bricolage
Passionné de bricolage, Julien filme ses projets et les partage sur YouTube. Sa chaîne compte 50 000 abonnés, ce qui lui rapporte environ 1 000 € par mois grâce aux publicités et aux partenariats.

Exemple 3 : Clara, podcasteuse sur le bien-être
Clara anime un podcast hebdomadaire sur la gestion du stress. Elle gagne de l'argent grâce aux sponsors et propose des épisodes premium pour ses abonnés payants.

Conseil : Avant de commencer, étudiez votre public cible. Utilisez des outils comme Google Trends ou les statistiques des réseaux sociaux pour comprendre ce qui les intéresse.

3.2 Lancer un blog ou une chaîne YouTube

Les blogs et les chaînes YouTube sont d'excellents moyens de partager du contenu tout en générant des revenus.

Créer un blog :

- **Choisissez une thématique** : Par exemple, "Voyager en famille avec un petit budget".

- **Utilisez une plateforme** : WordPress est idéal pour les débutants.

- **Monétisez votre blog** :

  o Intégrez des publicités via Google AdSense.

  o Recommandez des produits via des liens affiliés (Amazon, par exemple).

  o Vendez vos propres produits numériques, comme des guides ou des cours.

Exemple 1 : Sarah et son blog de voyage
Sarah partage ses expériences de voyage en Europe sur son blog. Elle gagne 500 € par mois grâce à des partenariats avec des hôtels et des agences de voyage.

Créer une chaîne YouTube :

- **Trouvez votre style** : Tutoriels, vlogs, tests de produits...

- **Soignez la qualité** : Une bonne lumière et un son clair font la différence.

- **Monétisez vos vidéos** :

  o Rejoignez le Programme Partenaire YouTube pour activer les publicités.

- Collaborez avec des marques pour des placements de produits.

- Proposez des abonnements payants ou du contenu exclusif.

Exemple 2 : Marc, YouTuber tech
Marc teste des gadgets électroniques sur sa chaîne YouTube. Avec 100 000 abonnés, il gagne 2 000 € par mois grâce à la publicité et aux partenariats.

Conseil : Publiez régulièrement et interagissez avec votre audience pour bâtir une communauté fidèle.

3.3 Créer et vendre des produits numériques

Les produits numériques, comme les e-books ou les cours en ligne, sont une excellente option pour générer des revenus passifs. Une fois créés, ils peuvent être vendus encore et encore.

Types de produits numériques :

- **E-books** : Guides pratiques, recettes, romans...

- **Cours en ligne** : Enseignez une compétence que vous maîtrisez (langues, photographie, développement personnel).

- **Templates et modèles** : Outils pour professionnels, comme des modèles de CV ou des designs Canva.

Exemple 1 : Claire et son e-book sur la gestion du temps
Claire a écrit un e-book de 50 pages sur les astuces pour mieux gérer son emploi du temps. Elle le vend 15 € et réalise 500 € de ventes par mois via sa boutique en ligne.

Exemple 2 : Paul, créateur de formations vidéo
Paul est expert en photographie. Il propose une formation en ligne sur les bases de la photo, qu'il vend 100 €. Avec 20 ventes par mois, il génère 2 000 € de revenus.

Exemple 3 : Lucie, designer de templates Canva
Lucie vend des modèles prêts à l'emploi pour Canva, destinés aux entrepreneurs et influenceurs. Elle les propose sur Etsy et gagne 1 000 € par mois.

Conseil : Pour vendre efficacement vos produits numériques, créez une page de vente attrayante et utilisez les réseaux sociaux pour les promouvoir.

3.4 Monétiser vos réseaux sociaux

Les réseaux sociaux comme Instagram, TikTok, ou LinkedIn permettent de gagner de l'argent en construisant une audience et en collaborant avec des marques.

Stratégies de monétisation :

- **Sponsoring** : Collaborez avec des marques pour promouvoir leurs produits.

- **Affiliation** : Recommandez des produits avec des liens affiliés.

- **Vente directe** : Proposez vos propres produits ou services.

Exemple 1 : Camille, influenceuse Instagram
Camille publie des photos de mode sur Instagram. Avec 20 000 abonnés, elle travaille avec des marques qui lui versent entre 100 € et 500 € par publication sponsorisée.

Exemple 2 : Mathieu, TikTokeur culinaire
Mathieu partage des recettes rapides sur TikTok. Grâce à son audience de 100 000 followers, il gagne 1 500 € par mois avec des partenariats et des dons de ses fans.

Exemple 3 : Anaïs, experte LinkedIn
Anaïs partage des conseils sur LinkedIn pour optimiser les profils professionnels. Elle attire des clients pour ses services de consulting, générant 3 000 € par mois.

Conseil : Choisissez une plateforme adaptée à votre niche et postez du contenu de qualité régulièrement.

3.5 Les précautions à prendre

1. **Protégez vos droits** : Si vous créez des contenus originaux, assurez-vous qu'ils sont protégés par des droits d'auteur.

2. **Respectez la transparence** : Déclarez clairement les partenariats ou publicités pour gagner la confiance de votre audience.

3. **Connaissez vos limites** : Ne vendez pas de produits ou services pour lesquels vous n'êtes pas qualifié(e) ou qui pourraient induire en erreur.

Exemple : David, créateur prudent
David, qui propose des conseils financiers, indique toujours qu'il n'est pas conseiller professionnel et que ses contenus sont à but éducatif. Cela lui évite des problèmes juridiques et inspire confiance à ses abonnés.

Résumé du chapitre

La création et la vente de contenu sont des activités lucratives et épanouissantes. Pour réussir :

1. Identifiez une niche et choisissez une plateforme adaptée.

2. Créez du contenu de qualité régulièrement.

3. Monétisez votre travail via des publicités, des produits numériques, ou des collaborations.

Dans le prochain chapitre, nous aborderons le commerce en ligne, une autre option prometteuse pour travailler depuis chez soi.

Chapitre 4 : commerce en ligne

Le commerce en ligne offre une opportunité accessible à quiconque souhaite vendre des produits ou des services depuis chez soi. Que vous fabriquiez vos propres articles, que vous proposiez des produits numériques ou que vous gériez une boutique en dropshipping, ce modèle économique peut être adapté à vos compétences et à votre budget.

Dans ce chapitre, nous détaillerons comment démarrer, les plateformes à utiliser, et les meilleures pratiques pour maximiser vos revenus.

4.1 Identifier le bon produit ou service

Avant de lancer une activité en ligne, réfléchissez au type de produit ou service que vous souhaitez proposer :

- **Produits physiques** : Objets faits main, vêtements, accessoires, produits écologiques.

- **Produits numériques** : E-books, cours en ligne, modèles numériques (designs, templates).

- **Services** : Coaching, consulting, personnalisation d'objets.

Exemple 1 : Claire, créatrice de bijoux faits main
Claire adore fabriquer des bijoux artisanaux. Elle a commencé par vendre à ses proches, puis a ouvert une boutique sur Etsy. Aujourd'hui, elle gagne 1 200 € par mois.

Exemple 2 : Paul, vendeur de produits numériques
Paul a créé un e-book sur l'investissement immobilier qu'il vend 25 €. Avec 50 ventes par mois, il génère un revenu passif de 1 250 €.

Exemple 3 : Marion, dropshippeuse
Marion vend des accessoires de cuisine via une boutique en dropshipping. Elle travaille avec un fournisseur fiable sur AliExpress et réalise un bénéfice de 2 000 € par mois.

Conseil : Choisissez un produit ou service qui répond à une demande réelle. Utilisez des outils comme Google Trends ou Amazon Best Sellers pour analyser les tendances.

4.2 Choisir une plateforme de vente

La plateforme que vous choisissez dépend du type de produit ou service que vous souhaitez vendre. Voici les options les plus populaires :

1. **Etsy** : Idéal pour les produits faits main, les objets vintages, et les créations artistiques.

2. **Amazon** : Une plateforme polyvalente pour vendre presque tout. Le programme FBA (Fulfillment by Amazon) permet de déléguer la logistique.

3. **Shopify** : Parfait pour créer votre propre boutique en ligne personnalisée.

4. **Vinted** : Pour vendre des vêtements, accessoires, ou objets de seconde main.

5. **Teachable** : Une plateforme dédiée aux cours en ligne.

Exemple 1 : Julie, artisane sur Etsy
Julie vend des bougies parfumées artisanales sur Etsy. En mettant en avant des photos de qualité et en optimisant ses descriptions, elle a doublé ses ventes en trois mois.

Exemple 2 : Mathieu, vendeur Amazon FBA
Mathieu achète des gadgets électroniques en gros et les revend sur Amazon. Grâce au programme FBA, il n'a pas à gérer la logistique, ce qui lui permet de se concentrer sur le marketing.

Exemple 3 : Anaïs, créatrice de cours sur Teachable
Anaïs propose une formation en ligne sur la gestion du temps. En promouvant son cours sur LinkedIn, elle attire des clients professionnels et gagne 3 000 € par mois.

Conseil : Si vous débutez, commencez sur une plateforme clé en main comme Etsy ou Amazon avant d'investir dans la création d'un site personnalisé.

4.3 Gérer une boutique en dropshipping

Le dropshipping permet de vendre des produits sans stock. Voici comment ça fonctionne :

1. **Choisissez un produit populaire** : Recherchez des produits tendance avec une forte demande.

2. **Trouvez un fournisseur fiable** : Plateformes comme Oberlo ou AliExpress peuvent vous aider.

3. **Créez une boutique en ligne** : Utilisez Shopify ou WooCommerce.

4. **Attirez des clients** : Investissez dans la publicité ciblée sur Facebook ou Instagram.

Exemple 1 : Sarah, dropshippeuse de produits pour animaux

Sarah vend des jouets et accessoires pour animaux via une boutique Shopify. Avec une bonne stratégie publicitaire, elle génère 1 500 € par mois.

Exemple 2 : Lucas, vendeur de gadgets de cuisine

Lucas a trouvé une niche dans les ustensiles de cuisine innovants. En ciblant les amateurs de cuisine sur Facebook, il réalise un chiffre d'affaires de 5 000 € par mois.

Exemple 3 : Émilie, spécialisée dans les accessoires de yoga

Émilie vend des tapis et accessoires de yoga en dropshipping. Elle travaille avec un fournisseur écologique et utilise Instagram pour promouvoir sa boutique.

Conseil : Avant de vous lancer, commandez des échantillons auprès de votre fournisseur pour vérifier la qualité des produits.

4.4 Optimiser vos ventes

Pour réussir dans le commerce en ligne, il ne suffit pas de proposer un bon produit. Vous devez également optimiser vos ventes grâce à des stratégies efficaces :

1. **Photos et descriptions** : Utilisez des photos de haute qualité et des descriptions détaillées qui mettent en avant les avantages du produit.

2. **Marketing sur les réseaux sociaux** : Publiez régulièrement sur Instagram, Facebook, et Pinterest pour attirer du trafic vers votre boutique.

3. **Publicité ciblée** : Investissez dans des campagnes publicitaires sur Google Ads ou Facebook Ads pour atteindre votre audience cible.

Exemple 1 : Léa, experte en storytelling

Léa utilise Instagram pour raconter des histoires captivantes autour de ses produits de décoration. Elle attire ainsi des clients fidèles.

Exemple 2 : Hugo, spécialiste en SEO

Hugo optimise les descriptions de ses produits sur Amazon avec des mots-clés pertinents. Cela lui permet d'apparaître en haut des résultats de recherche.

Exemple 3 : Laura, stratège des offres spéciales
Laura propose des promotions limitées (par exemple, "1 acheté = 1 offert")
pour inciter ses clients à acheter rapidement. Ses ventes augmentent de 30 %
pendant ces périodes.

Conseil : Utilisez des outils comme Canva pour créer des visuels attractifs et
Buffer pour planifier vos publications sur les réseaux sociaux.

4.5 Les précautions à prendre

Comme pour toute activité, certaines précautions s'imposent pour éviter les
problèmes légaux ou financiers :

1. **Respectez les règles fiscales** : Déclarez vos revenus selon la
   législation en vigueur dans votre pays.

2. **Méfiez-vous des fournisseurs douteux** : Vérifiez les avis et la
   qualité des produits avant de les proposer à la vente.

3. **Protégez vos clients** : Assurez-vous que vos produits respectent les
   normes de sécurité en vigueur.

Exemple : Thomas, vendeur prudent
Thomas a reçu une plainte pour un produit défectueux vendu en
dropshipping. Depuis, il teste chaque produit avant de le mettre en vente, ce
qui lui évite des problèmes avec ses clients.

Résumé du chapitre

Le commerce en ligne est une activité lucrative pour ceux qui souhaitent
vendre des produits ou services depuis chez eux. Pour réussir :

1. Identifiez un produit ou service avec une forte demande.

2. Choisissez une plateforme adaptée à votre activité.

3. Investissez dans le marketing et optimisez vos ventes.

Dans le prochain chapitre, nous explorerons les investissements en ligne et
les revenus passifs, avec les précautions nécessaires pour éviter les pièges.

Chapitre 5 : investissements et revenus passifs

Les revenus passifs permettent de générer de l'argent avec un effort limité une fois la structure mise en place. Ils nécessitent toutefois un investissement initial en temps, en argent ou les deux. Dans ce chapitre, nous explorerons différentes méthodes pour construire des revenus passifs, tout en respectant les précautions nécessaires pour éviter les risques financiers.

5.1 Comprendre les revenus passifs

Un revenu passif est une source de revenu qui ne demande pas d'intervention quotidienne une fois qu'elle est mise en place. Cela peut inclure des investissements financiers, la location de biens ou la vente de produits numériques.

Exemples de revenus passifs :

1. **Dividendes d'actions** : Revenus réguliers provenant des bénéfices d'entreprises.

2. **Immobilier** : Revenus générés par la location de propriétés ou par des investissements via le crowdfunding immobilier.

3. **Produits numériques** : E-books, cours en ligne, modèles graphiques vendus à répétition.

4. **Affiliation** : Commissions obtenues en recommandant des produits ou services.

5.2 Investir en ligne : actions, cryptomonnaies et plus encore

Avertissement légal :
Les informations de cette section sont à but éducatif uniquement et ne constituent pas des conseils financiers. Tout investissement comporte des risques, notamment la perte totale de votre capital. Avant toute

décision, consultez un conseiller financier qualifié et assurez-vous de comprendre les implications de vos choix.

1. Les actions et les dividendes

Investir en actions consiste à acheter une part d'une entreprise cotée en bourse. Si l'entreprise est rentable, elle peut distribuer une partie de ses bénéfices sous forme de dividendes. Cependant, les actions fluctuent selon les conditions économiques et la performance de l'entreprise.

- **Avantages :** Les dividendes offrent un revenu passif régulier. Les actions peuvent également prendre de la valeur.

- **Risques :** La valeur des actions peut baisser, entraînant une perte de capital. Les dividendes ne sont pas garantis.

- **Exemple :** Marc a investi 5 000 € dans des actions d'une entreprise offrant un rendement de 4 %. Cela lui rapporte 200 € par an, mais la valeur de ses actions peut fluctuer.

Conseil : Diversifiez votre portefeuille pour réduire les risques. Privilégiez des entreprises solides et bien établies.

2. Les cryptomonnaies

Les cryptomonnaies, comme le Bitcoin et l'Ethereum, sont des actifs numériques très volatils. Leur potentiel de croissance attire les investisseurs, mais les risques sont importants.

- **Avantages :** Potentiel de gains élevés à court terme.

- **Risques :** Les cryptos peuvent perdre rapidement leur valeur. Elles sont moins réglementées, augmentant le risque de fraude ou de piratage.

- **Exemple :** En 2021, le Bitcoin est passé de 29 000 € à 60 000 €, puis a chuté à 30 000 € en quelques mois. Un investisseur imprudent aurait pu perdre la moitié de son capital.

Conseil : Ne misez que de l'argent que vous êtes prêt à perdre. Investissez dans des cryptomonnaies bien établies et utilisez des plateformes sécurisées comme Binance ou Coinbase.

3. Les ETF (fonds négociés en bourse)

Les ETF regroupent plusieurs actifs (actions, obligations), offrant une diversification automatique avec des frais réduits.

- **Avantages :** Ils permettent d'investir dans un large éventail d'actifs avec une gestion simplifiée.

- **Risques :** Les ETF suivent les marchés financiers et peuvent perdre de la valeur en cas de crise économique.

- **Exemple :** Clara a investi 5 000 € dans un ETF S&P 500. Avec un rendement moyen de 7 %, son portefeuille a augmenté de 350 € la première année, mais elle sait qu'une crise économique pourrait réduire sa valeur.

Conseil : Optez pour des ETF généralistes si vous débutez et limitez les investissements dans des niches spécifiques.

5.3 Immobilier et crowdfunding immobilier

L'immobilier est une option prisée pour générer des revenus passifs. Même sans acheter directement de biens, le crowdfunding immobilier permet de participer à des projets avec un budget limité.

1. Location directe :
Proposez un bien en location ou mettez une chambre disponible sur Airbnb.

- **Exemple :** Julie loue une chambre d'amis sur Airbnb pour 50 € la nuit. Avec une occupation moyenne de 15 nuits par mois, elle génère 750 € nets.

2. Crowdfunding immobilier :
Investissez dans des projets immobiliers via des plateformes comme

Homunity ou Bricks. Les rendements sont généralement compris entre 5 et 10 %.

- **Exemple :** Paul a investi 1 000 € dans un projet de rénovation via une plateforme. Il reçoit un rendement annuel de 6 %, soit 60 € par an.

Conseil : Vérifiez la légitimité des plateformes avant d'investir et diversifiez vos investissements pour limiter les risques.

5.4 Générer des revenus passifs avec des produits numériques

Les produits numériques nécessitent un effort initial, mais ils peuvent être vendus indéfiniment avec peu de maintenance.

- **E-books :** Écrivez un guide pratique ou un roman et vendez-le sur Amazon.

- **Cours en ligne :** Créez des vidéos éducatives sur un sujet que vous maîtrisez.

- **Photos ou designs :** Vendez vos créations sur Shutterstock ou Etsy.

Exemple 1 : Clara et son e-book sur la gestion du temps
Clara a écrit un guide de 50 pages qu'elle vend 15 € sur Amazon. Avec 30 ventes par mois, elle gagne 450 €.

Exemple 2 : Marc et ses cours de photographie
Marc propose une formation vidéo sur la photographie débutant à 100 €. Avec 20 ventes par mois, il génère 2 000 €.

Exemple 3 : Sophie, créatrice de modèles
Sophie vend des modèles graphiques pour Canva sur Etsy. Elle génère 1 200 € par mois en revenus passifs.

Conseil : Testez votre produit auprès d'une petite audience avant de le lancer à grande échelle.

5.5 Monétiser l'affiliation

L'affiliation consiste à promouvoir des produits ou services et à toucher une commission sur chaque vente réalisée grâce à vos recommandations.

- **Comment ça fonctionne :** Rejoignez un programme d'affiliation (Amazon Affiliates, Awin) et partagez des liens via un blog, une chaîne YouTube ou des réseaux sociaux.

- **Exemple :** Thomas, blogueur tech, teste des gadgets et partage des liens affiliés. Il gagne 500 € par mois grâce à l'affiliation.

Conseil : Choisissez des produits que vous utilisez réellement pour conserver la confiance de votre audience.

5.6 Les précautions à prendre

1. **Déclarez vos revenus :** Respectez les réglementations fiscales de votre pays.

2. **Diversifiez vos sources :** Ne dépendez pas d'une seule méthode pour éviter les imprévus.

3. **Soyez prudent :** Évitez les plateformes non sécurisées ou les opportunités promettant des rendements élevés sans effort.

Exemple : Clara, investisseuse prudente
Clara diversifie ses revenus en combinant immobilier, actions et vente de cours en ligne. Cela lui permet de limiter les risques.

Résumé du chapitre

Les revenus passifs peuvent vous offrir une stabilité financière et une liberté accrue. Pour réussir :

1. Renseignez-vous et consultez des experts avant d'investir.

2. Diversifiez vos sources pour minimiser les risques.

3. Soyez patient : les revenus passifs demandent du temps pour se développer.

Dans le prochain chapitre, nous découvrirons comment utiliser les réseaux sociaux pour développer une activité rentable depuis chez soi.

Chapitre 6 : réseaux sociaux et influence

Les réseaux sociaux sont devenus des outils puissants pour gagner de l'argent depuis chez soi. Que vous souhaitiez partager une passion, promouvoir des produits ou offrir vos services, des plateformes comme Instagram, TikTok, YouTube ou LinkedIn permettent de toucher un large public et de monétiser votre audience.

Dans ce chapitre, nous explorerons comment utiliser efficacement les réseaux sociaux pour créer une activité rentable.

6.1 Choisir la bonne plateforme

Avant de vous lancer, identifiez la plateforme qui correspond le mieux à vos objectifs et à votre contenu. Voici un aperçu des principales plateformes et de leurs forces :

- **Instagram** : Idéal pour les niches visuelles comme la mode, la décoration, le voyage, ou la cuisine.

- **TikTok** : Parfait pour des contenus courts et engageants, notamment les tutoriels, l'humour, ou les démonstrations de produits.

- **YouTube** : Excellente plateforme pour des vidéos longues, comme des tutoriels, des vlogs, ou des tests de produits.

- **LinkedIn** : Convenable pour le contenu professionnel, le coaching, et le consulting.

Exemple 1 : Camille, influenceuse lifestyle sur Instagram
Camille partage des photos de son quotidien et des astuces de bien-être. Avec 30 000 abonnés, elle collabore avec des marques pour des publications sponsorisées, facturées entre 100 € et 300 € par post.

Exemple 2 : Julien, créateur de contenu sur TikTok

Julien filme des recettes rapides et créatives. Avec 100 000 abonnés, il gagne 1 500 € par mois grâce aux partenariats avec des marques alimentaires.

Exemple 3 : Sarah, coach sur LinkedIn

Sarah utilise LinkedIn pour partager des conseils en gestion de carrière. Elle attire des clients pour ses sessions de coaching, qu'elle facture 150 € de l'heure.

Conseil : Choisissez une plateforme en fonction de vos compétences et de votre public cible. Vous pouvez vous concentrer sur une seule plateforme au début et en ajouter d'autres ensuite.

6.2 Construire une audience fidèle

Pour monétiser les réseaux sociaux, vous devez d'abord bâtir une audience engagée. Voici comment :

1. **Publiez régulièrement** : La constance est essentielle pour garder votre audience intéressée.

2. **Créez du contenu de qualité** : Mettez en avant des visuels attrayants, des vidéos bien montées, ou des textes percutants.

3. **Interagissez avec votre audience** : Répondez aux commentaires, organisez des sondages ou des questions-réponses.

Exemple 1 : Laura, photographe sur Instagram

Laura partage ses photos de voyage et donne des conseils pour capturer de belles images. En interagissant avec ses abonnés, elle a doublé son nombre de followers en six mois.

Exemple 2 : Théo, TikTokeur fitness

Théo propose des entraînements faciles à suivre sur TikTok. Il invite ses abonnés à commenter leurs progrès, ce qui augmente l'engagement de son audience.

Exemple 3 : Max, spécialiste du développement personnel sur YouTube

Max poste une vidéo chaque semaine sur des sujets comme la confiance en soi et la gestion du stress. Sa régularité attire des abonnés fidèles qui regardent ses vidéos dès leur publication.

Conseil : Analysez les statistiques de votre plateforme pour comprendre ce que votre audience aime et ajustez votre contenu en conséquence.

6.3 Monétiser votre audience

Une fois que vous avez construit une audience, il existe plusieurs moyens de générer des revenus :

1. **Publicités** : Sur YouTube, vous pouvez activer la monétisation et gagner de l'argent grâce aux publicités diffusées sur vos vidéos.

2. **Partenariats avec des marques** : Collaborez avec des entreprises pour promouvoir leurs produits ou services.

3. **Affiliation** : Recommandez des produits via des liens affiliés et touchez une commission sur chaque vente.

4. **Vente directe** : Proposez vos propres produits ou services, comme des cours, des livres, ou des consultations.

Exemple 1 : Clara, créatrice de mode sur Instagram
Clara collabore avec des marques de vêtements qui lui versent entre 500 € et 1 000 € par mois pour des publications sponsorisées.

Exemple 2 : Lucas, testeur de gadgets sur YouTube
Lucas gagne 2 000 € par mois grâce à la publicité YouTube et aux liens affiliés vers les produits qu'il teste.

Exemple 3 : Sophie, entrepreneuse sur TikTok
Sophie vend ses propres créations artisanales via TikTok. Elle publie des vidéos montrant le processus de fabrication, ce qui génère des ventes directes.

Conseil : Soyez transparent sur vos collaborations et partenariats pour maintenir la confiance de votre audience.

6.4 Gérer les défis des réseaux sociaux

Si les réseaux sociaux offrent des opportunités uniques, ils présentent aussi des défis :

1. **La concurrence est forte** : Trouvez votre niche et offrez quelque chose d'unique pour vous démarquer.

2. **La gestion du temps** : Publier régulièrement et interagir avec votre audience peut être chronophage.

3. **Les algorithmes** : Les plateformes changent souvent leurs algorithmes, ce qui peut affecter votre visibilité.

Exemple 1 : Léa, influenceuse lifestyle

Léa a remarqué une baisse de ses interactions sur Instagram. Elle a diversifié son contenu en ajoutant des vidéos Reels pour s'adapter aux nouvelles préférences de l'algorithme.

Exemple 2 : Hugo, YouTuber tech

Hugo passe trop de temps à répondre aux commentaires. Il a décidé de bloquer un créneau horaire chaque jour pour interagir avec son audience, ce qui améliore sa productivité.

Conseil : Utilisez des outils comme Buffer ou Hootsuite pour planifier vos publications et gérer votre temps efficacement.

6.5 Les précautions à prendre

1. **Respectez les lois sur la publicité** : Indiquez clairement lorsqu'un contenu est sponsorisé ou contient des liens affiliés.

2. **Protégez vos données** : Utilisez des mots de passe forts et activez l'authentification à deux facteurs pour sécuriser vos comptes.

3. **Restez authentique** : Promouvoir des produits en lesquels vous ne croyez pas peut nuire à votre crédibilité.

Exemple : Paul, créateur prudent

Paul a été contacté par une marque douteuse proposant une rémunération élevée pour promouvoir ses produits. Après des recherches, il a refusé la collaboration pour protéger son image.

Résumé du chapitre

Les réseaux sociaux sont un excellent moyen de gagner de l'argent tout en partageant vos passions. Pour réussir :

1. Choisissez une plateforme adaptée à votre contenu et à votre audience.

2. Construisez une communauté engagée en publiant régulièrement et en interagissant.

3. Monétisez votre audience avec des publicités, des partenariats, ou des ventes directes.

Dans le prochain chapitre, nous découvrirons d'autres modèles économiques, notamment l'économie collaborative et les micro-tâches.

Chapitre 7 : économie collaborative et micro-tâches

L'économie collaborative et les micro-tâches sont des options idéales pour ceux qui souhaitent générer des revenus supplémentaires sans s'engager dans une activité à temps plein. Ces modèles permettent de monétiser vos compétences, vos biens ou votre temps de manière flexible.

Dans ce chapitre, nous explorerons comment participer à l'économie collaborative et tirer parti des plateformes spécialisées pour effectuer des micro-tâches.

7.1 Comprendre l'économie collaborative

L'économie collaborative repose sur le partage et l'échange de ressources ou de services via des plateformes numériques. Voici quelques exemples d'opportunités dans ce domaine :

- **Louer vos biens** : Voiture, logement, outils, ou équipements sportifs.

- **Proposer vos services** : Bricolage, ménage, garde d'enfants, ou livraison.

- **Partager vos compétences** : Donner des cours ou proposer des consultations.

Exemple 1 : Claire, hôte sur Airbnb

Claire loue une chambre inutilisée de sa maison sur Airbnb pour 60 € la nuit. Avec une occupation moyenne de 10 nuits par mois, elle génère un revenu supplémentaire de 600 €.

Exemple 2 : Paul, loueur d'outils

Paul possède plusieurs outils de bricolage qu'il utilise rarement. Il les loue sur une plateforme comme AlloVoisins, gagnant 200 € par mois.

Exemple 3 : Julie, conductrice sur une application de covoiturage

Julie utilise sa voiture pour faire du covoiturage lors de ses trajets réguliers. Elle couvre ainsi ses frais de carburant tout en gagnant 150 € supplémentaires par mois.

Conseil : Choisissez des plateformes fiables et assurez-vous de respecter les réglementations locales, notamment en matière de fiscalité et d'assurance.

7.2 Participer aux micro-tâches

Les micro-tâches consistent à effectuer de petites missions pour des entreprises ou des particuliers via des plateformes en ligne. Ces tâches peuvent inclure :

- **Saisie de données** : Entrer des informations dans des bases de données.

- **Traduction ou transcription** : Traduire des textes ou transcrire des fichiers audios.

- **Tests et enquêtes** : Participer à des sondages ou tester des applications et sites web.

Exemple 1 : Léa, participante à des sondages rémunérés

Léa s'inscrit sur des sites comme Toluna et répond à des enquêtes rémunérées pendant son temps libre. Elle gagne environ 50 € par mois.

Exemple 2 : Théo, testeur de sites web

Théo utilise UserTesting pour tester des interfaces de sites web. Il est payé 10 € par test, ce qui lui permet de gagner jusqu'à 200 € par mois.

Exemple 3 : Lucas, freelance en micro-tâches

Lucas effectue des micro-tâches sur Amazon Mechanical Turk, comme classer des images ou valider des informations. En y consacrant quelques heures par semaine, il gagne environ 100 € par mois.

Conseil : Privilégiez les plateformes reconnues pour éviter les arnaques et choisissez des tâches correspondant à vos compétences.

7.3 Les meilleures plateformes pour l'économie collaborative et les micro-tâches

Voici quelques plateformes fiables pour vous lancer :

1. **Airbnb** : Pour louer une chambre ou un logement.

2. **AlloVoisins** : Pour louer vos biens ou proposer des services locaux (bricolage, ménage).

3. **Blablacar** : Pour le covoiturage.

4. **Fiverr** : Pour offrir vos compétences dans des micro-services.

5. **Clickworker** : Pour effectuer des tâches simples en ligne.

6. **UserTesting** : Pour tester des sites web et applications.

Exemple 1 : Clara, bricoleuse sur AlloVoisins
Clara propose ses services pour monter des meubles ou réparer des objets sur AlloVoisins. En effectuant deux à trois missions par mois, elle gagne 150 €.

Exemple 2 : Hugo, utilisateur de Clickworker
Hugo s'inscrit sur Clickworker pour effectuer des tâches comme vérifier des informations en ligne. Il travaille une heure par jour et génère un revenu complémentaire de 100 € par mois.

Exemple 3 : Mathilde, conductrice sur Blablacar
Mathilde propose des trajets en covoiturage lors de ses déplacements professionnels. Elle gagne 200 € par mois en partageant ses frais.

Conseil : Avant de vous inscrire sur une plateforme, lisez attentivement les conditions d'utilisation et vérifiez les avis d'autres utilisateurs.

7.4 Maximiser vos revenus dans l'économie collaborative

Voici quelques astuces pour optimiser vos gains :

1. **Optimisez votre profil** : Sur les plateformes, soignez votre description et ajoutez des photos attractives pour attirer des clients ou utilisateurs.

2. **Proposez des tarifs compétitifs** : Vérifiez les prix pratiqués par la concurrence et ajustez vos tarifs en conséquence.

3. **Communiquez efficacement** : Répondez rapidement aux messages pour offrir un excellent service.

Exemple 1 : Camille, hôte Airbnb réactive
Camille s'assure de répondre dans l'heure aux messages des voyageurs. Grâce à ses évaluations positives, elle augmente son taux d'occupation.

Exemple 2 : Léo, bricoleur sur AlloVoisins
Léo publie des photos de ses réalisations et reçoit d'excellents retours, ce qui lui permet d'attirer plus de clients.

Exemple 3 : Sarah, testeuse sur UserTesting
Sarah effectue des tests rapidement après leur publication, augmentant ainsi ses chances de décrocher des missions régulières.

Conseil : Investissez dans de petits outils ou accessoires si nécessaire pour améliorer vos services (par exemple, des draps de qualité pour Airbnb ou un kit de bricolage complet pour AlloVoisins).

7.5 Les précautions à prendre

1. **Déclarez vos revenus** : En France, les revenus issus de l'économie collaborative doivent être déclarés si vous dépassez certains seuils.

2. **Assurez-vous d'être couvert(e)** : Pour la location de biens ou le covoiturage, vérifiez les assurances incluses ou ajoutez-en si nécessaire.

3. **Évitez les plateformes douteuses** : Ne payez jamais pour accéder à des opportunités ou missions.

Exemple : Julien, conducteur prévoyant
Julien utilise Blablacar, mais il a pris soin de vérifier que son assurance automobile couvre le covoiturage.

Résumé du chapitre

L'économie collaborative et les micro-tâches offrent une flexibilité idéale pour ceux qui souhaitent un revenu supplémentaire sans engagement à long terme. Pour réussir :

1. Identifiez les plateformes adaptées à vos besoins et compétences.

2. Proposez des services de qualité ou louez des biens bien entretenus.

3. Restez vigilant et respectez les obligations légales.

Dans le prochain chapitre, nous explorerons comment structurer et optimiser votre emploi du temps pour maximiser votre productivité tout en travaillant depuis chez vous.

Chapitre 8 : organiser et optimiser son temps pour réussir

Travailler depuis chez soi offre une grande liberté, mais cela peut rapidement devenir contre-productif si vous ne structurez pas correctement votre emploi du temps. Ce chapitre vous guidera pour maximiser votre efficacité et maintenir un équilibre sain entre travail et vie personnelle.

8.1 L'importance de l'organisation

Lorsque vous travaillez à domicile, il est facile de se laisser distraire par les tâches ménagères, les réseaux sociaux ou la télévision. Une bonne organisation est essentielle pour :

- **Maximiser votre productivité** : Accomplir plus en moins de temps.

- **Éviter le surmenage** : Prévenir l'épuisement en gérant vos priorités.

- **Maintenir un équilibre** : Séparer clairement votre temps de travail et vos moments personnels.

Exemple 1 : Clara, freelance désorganisée devenue méthodique
Clara, rédactrice freelance, se sentait constamment débordée. Elle a

commencé à planifier ses journées avec des blocs horaires dédiés à chaque tâche. Résultat : elle termine ses projets plus rapidement et a plus de temps libre.

Exemple 2 : Hugo, entrepreneur multitâche

Hugo jonglait entre plusieurs projets de dropshipping. En établissant une routine matinale (vérification des commandes, suivi des publicités), il a réduit son stress et augmenté ses ventes.

Exemple 3 : Léa, créatrice de contenu

Léa publiait du contenu de manière irrégulière. En planifiant ses publications sur un mois, elle a doublé son engagement sur Instagram.

Conseil : Débutez chaque journée par une liste de tâches classées par priorité.

8.2 Créer un planning efficace

Un bon planning est l'un des outils les plus puissants pour gérer votre temps. Voici comment en créer un :

1. **Identifiez vos priorités** : Notez les tâches les plus importantes pour chaque jour.

2. **Planifiez par blocs de temps** : Réservez des plages horaires pour les activités spécifiques (ex. : création de contenu, gestion administrative, pauses).

3. **Soyez réaliste** : Ne surchargez pas votre planning. Préférez accomplir trois grandes tâches par jour plutôt que d'en lister dix et n'en finir aucune.

Exemple 1 : Paul, coach en ligne

Paul divise sa journée en trois blocs : matin pour les consultations, après-midi pour le marketing et soirée pour les emails. Cela lui permet de rester concentré.

Exemple 2 : Sophie, testeuse de produits

Sophie consacre deux heures par jour aux micro-tâches sur UserTesting et Clickworker. Elle planifie ses tests à des moments où elle sait qu'elle est plus productive (le matin).

Exemple 3 : Thomas, vendeur en ligne

Thomas vérifie ses commandes et répond aux messages clients chaque matin à 9h. Cette routine garantit une communication rapide avec ses clients.

Conseil : Utilisez des outils comme Google Agenda ou Trello pour planifier vos tâches et recevoir des rappels.

8.3 Créer un environnement de travail optimal

Un espace de travail bien organisé améliore considérablement la productivité. Voici quelques conseils pour aménager votre bureau :

1. **Choisissez un endroit dédié** : Si possible, utilisez une pièce ou un coin spécifique pour travailler.

2. **Minimisez les distractions** : Éloignez-vous de la télévision et informez votre entourage de vos horaires de travail.

3. **Investissez dans le confort** : Une chaise ergonomique et un bon éclairage sont essentiels.

Exemple 1 : Camille, freelance en graphisme

Camille a transformé un coin de son salon en espace de travail avec une table dédiée, une lampe, et des rangements pour ses outils. Elle se sent plus concentrée.

Exemple 2 : Marc, créateur de contenu vidéo

Marc a aménagé un studio à domicile avec un fond neutre et un éclairage professionnel. Ses vidéos gagnent en qualité et en impact.

Exemple 3 : Émilie, rédactrice web

Émilie utilise des écouteurs antibruit pour travailler sans être dérangée par les bruits de son quartier.

Conseil : Rangez votre espace de travail à la fin de chaque journée pour démarrer dans un environnement propre et organisé le lendemain.

8.4 Gérer les distractions

Les distractions sont l'ennemi numéro un du travail à domicile. Voici comment les minimiser :

1. **Fixez des horaires de travail clairs** : Communiquez vos horaires à votre famille ou vos colocataires pour éviter les interruptions.

2. **Limitez les notifications** : Désactivez les alertes des réseaux sociaux et des applications non essentielles pendant vos heures de travail.

3. **Prenez des pauses planifiées** : Faites des pauses de 5 à 10 minutes toutes les heures pour recharger votre énergie.

Exemple 1 : Clara, freelance disciplinée

Clara utilise la technique Pomodoro : elle travaille pendant 25 minutes, puis prend une pause de 5 minutes. Cela l'aide à rester concentrée.

Exemple 2 : Lucas, entrepreneur en e-commerce

Lucas réserve une heure spécifique chaque soir pour répondre aux messages sur ses réseaux sociaux, plutôt que de vérifier son téléphone toute la journée.

Exemple 3 : Léa, créatrice de contenu

Léa planifie ses sessions de création de contenu le matin, lorsqu'elle est la plus productive, et évite les distractions comme les appels téléphoniques.

Conseil : Si vous avez du mal à vous concentrer, utilisez des applications comme Forest ou Focus@Will pour rester productif.

8.5 Trouver un équilibre entre vie professionnelle et personnelle

Travailler chez soi peut brouiller les frontières entre travail et vie personnelle. Voici des stratégies pour maintenir un bon équilibre :

1. **Définissez des horaires fixes** : Arrêtez de travailler à une heure précise chaque jour.

2. **Établissez des rituels de transition** : Par exemple, prenez une marche rapide avant de commencer votre journée pour imiter un trajet domicile-travail.

3. **Priorisez votre bien-être** : Prenez le temps de faire de l'exercice, de socialiser, et de vous détendre.

Exemple 1 : Sophie, freelance équilibrée

Sophie commence sa journée par 30 minutes de yoga avant de se mettre au travail. Cela l'aide à se sentir énergisée.

Exemple 2 : Hugo, entrepreneur discipliné

Hugo arrête de travailler tous les soirs à 18h et éteint son ordinateur. Il consacre ensuite du temps à sa famille.

Exemple 3 : Clara, créatrice de contenu

Clara dédie ses week-ends à ses loisirs et évite toute activité liée à son travail pour se ressourcer.

Conseil : Planifiez des activités personnelles dans votre agenda pour éviter qu'elles soient éclipsées par vos obligations professionnelles.

Résumé du chapitre

Une organisation efficace est essentielle pour réussir en travaillant depuis chez soi. Pour maximiser votre productivité :

1. Planifiez vos journées avec des priorités claires et des blocs de temps.

2. Aménagez un espace de travail adapté, confortable et sans distractions.

3. Trouvez un équilibre sain entre travail et vie personnelle pour éviter le surmenage.

Dans le prochain chapitre, nous explorerons comment transformer les défis en opportunités, en adoptant une mentalité proactive et positive.

Chapitre 9 : transformer les défis en opportunités

Travailler depuis chez soi peut présenter des défis uniques : manque de motivation, isolement, ou mêmes imprévus financiers. Cependant, ces obstacles ne doivent pas être des freins. Avec la bonne approche, vous pouvez transformer chaque défi en une opportunité de croissance personnelle et professionnelle.

9.1 Comprendre les défis courants

Voici les principaux défis rencontrés par ceux qui travaillent depuis chez eux et leurs impacts :

1. **Manque de motivation** : L'absence d'encadrement peut rendre difficile le maintien d'une routine.

2. **Isolement social** : Le travail à domicile limite les interactions avec des collègues ou des clients.

3. **Gestion des imprévus** : Les revenus fluctuants ou les interruptions domestiques peuvent créer des incertitudes.

Exemple 1 : Clara, freelance démotivée
Clara, rédactrice web, avait du mal à respecter ses délais. En intégrant un groupe de soutien en ligne, elle a trouvé des conseils pour améliorer sa gestion du temps.

Exemple 2 : Hugo, entrepreneur isolé
Hugo, gestionnaire d'une boutique en ligne, s'est senti isolé après des mois sans interactions sociales. Il a rejoint un espace de coworking une fois par semaine pour rencontrer d'autres entrepreneurs.

Exemple 3 : Julie, entrepreneuse multitâche
Julie, qui gère une chaîne YouTube et un blog, a été confrontée à une panne d'ordinateur. Elle avait prévu une épargne de précaution, ce qui lui a permis de remplacer son matériel sans stress financier.

Conseil : Identifiez vos principaux défis et abordez-les avec une mentalité proactive, en recherchant des solutions adaptées.

9.2 Maintenir la motivation

Rester motivé au quotidien est essentiel pour travailler efficacement depuis chez soi. Voici quelques stratégies :

1. **Fixez des objectifs clairs** : Établissez des objectifs à court et long terme pour rester concentré.

2. **Célébrez vos réussites** : Prenez le temps de reconnaître vos progrès, même les plus petits.

3. **Trouvez une source d'inspiration** : Lisez des livres ou suivez des créateurs dans votre domaine pour rester inspiré.

Exemple 1 : Léa, créatrice de contenu motivée
Léa se fixe des objectifs hebdomadaires, comme publier trois vidéos ou atteindre 500 nouvelles vues. Cela lui donne une direction claire.

Exemple 2 : Marc, freelance en design
Marc commence chaque journée en regardant un TED Talk inspirant. Cela l'aide à démarrer avec énergie.

Exemple 3 : Sophie, entrepreneuse en e-commerce
Sophie tient un journal de gratitude où elle note chaque soir trois réussites de la journée, ce qui l'encourage à continuer.

Conseil : Divisez vos grands objectifs en étapes plus petites et atteignables pour maintenir un sentiment d'accomplissement.

9.3 Combattre l'isolement

L'isolement peut nuire à votre moral et à votre productivité. Voici comment y remédier :

1. **Rejoignez une communauté en ligne** : Participez à des forums, des groupes Facebook ou des Masterminds dans votre domaine.

2. **Trouvez un espace de coworking** : Ces lieux favorisent les échanges et vous sortent de chez vous.

3. **Planifiez des interactions sociales** : Organisez régulièrement des déjeuners ou des appels avec vos amis ou vos collègues.

Exemple 1 : Clara, membre d'un groupe en ligne
Clara a rejoint un groupe Facebook pour les freelances en rédaction. Elle y trouve des conseils et du soutien lorsqu'elle rencontre des difficultés.

Exemple 2 : Thomas, utilisateur d'un coworking
Thomas travaille depuis un espace de coworking deux fois par semaine. Il a élargi son réseau professionnel et se sent moins seul.

Exemple 3 : Hugo, entrepreneur connecté
Hugo organise une visioconférence hebdomadaire avec deux autres entrepreneurs pour partager leurs réussites et leurs défis.

Conseil : Intégrez des moments d'interaction sociale à votre planning pour équilibrer travail et vie sociale.

9.4 Gérer les imprévus financiers

L'incertitude financière est un défi courant, surtout lorsque vous travaillez à votre compte. Voici des stratégies pour sécuriser vos revenus :

1. **Établissez une épargne de précaution** : Mettez de côté au moins trois mois de dépenses pour faire face aux imprévus.

2. **Diversifiez vos sources de revenus** : Combinez plusieurs activités (freelance, création de contenu, affiliation) pour réduire les risques.

3. **Adaptez vos tarifs ou vos offres** : Analysez le marché et ajustez vos prix en conséquence.

Exemple 1 : Julie, entrepreneuse prévoyante
Julie met de côté 20 % de ses revenus mensuels pour son épargne. Cela lui a permis de couvrir des dépenses imprévues sans stress.

Exemple 2 : Lucas, testeur de produits
Lucas diversifie ses revenus en combinant des tests de sites web et des sondages rémunérés. Cette approche réduit les variations mensuelles.

Exemple 3 : Sophie, freelance en consulting
Sophie ajuste ses tarifs chaque année pour refléter la valeur de son travail. Elle propose également des forfaits pour fidéliser ses clients.

Conseil : Suivez vos finances de près en utilisant des outils comme Excel ou des applications de gestion budgétaire (ex. : Mint, YNAB).

9.5 Cultiver une mentalité positive

Adopter une mentalité proactive est essentiel pour surmonter les défis :

1. **Acceptez les échecs comme des leçons** : Chaque défi peut être une opportunité d'apprentissage.

2. **Entourez-vous de positivité** : Lisez des livres de développement personnel ou écoutez des podcasts inspirants.

3. **Soyez flexible** : Adaptez vos stratégies en fonction des changements ou des imprévus.

Exemple 1 : Paul, optimiste face aux échecs
Paul a perdu un client important, mais il en a profité pour améliorer son portfolio et attirer des clients plus lucratifs.

Exemple 2 : Clara, adepte du développement personnel
Clara écoute chaque jour un podcast sur la gestion du stress. Cela l'aide à garder une attitude positive.

Exemple 3 : Marc, flexible et réactif
Marc a remarqué que ses vidéos YouTube sur un sujet particulier performaient mal. Il a changé de stratégie et s'est concentré sur une autre niche avec succès.

Conseil : Faites régulièrement un bilan de vos réussites et des leçons tirées de vos échecs pour rester motivé.

Résumé du chapitre

Les défis du travail à domicile peuvent être transformés en opportunités avec les bonnes stratégies. Pour réussir :

1. Fixez des objectifs clairs et trouvez des sources de motivation.

2. Intégrez des interactions sociales dans votre routine pour éviter l'isolement.

3. Préparez-vous aux imprévus financiers en diversifiant vos revenus et en épargnant.

4. Adoptez une mentalité positive pour apprendre de vos échecs.

Dans le prochain chapitre, nous aborderons comment évaluer et ajuster votre activité pour continuer à progresser et atteindre vos objectifs.

Chapitre 10 : évaluer et ajuster son activité pour progresser

La clé du succès dans une activité à domicile réside dans votre capacité à évaluer régulièrement vos résultats et à ajuster vos stratégies en fonction de vos objectifs. Ce processus d'ajustement continu vous permettra de surmonter les obstacles, de maximiser vos revenus, et de garder une longueur d'avance.

Dans ce chapitre, nous détaillerons comment analyser vos performances, identifier les points d'amélioration et mettre en place des changements pour optimiser votre activité.

10.1 L'importance de l'évaluation régulière

L'évaluation de votre activité est essentielle pour :

1. **Mesurer votre progression** : Avez-vous atteint vos objectifs financiers et personnels ?

2. **Identifier les domaines à améliorer** : Repérez les activités peu rentables ou inefficaces.

3. **Anticiper les tendances** : Adaptez vos stratégies aux nouvelles opportunités et aux changements du marché.

Exemple 1 : Clara, rédactrice web méthodique
Clara analyse ses revenus chaque mois. Elle a remarqué que ses articles longs généraient plus de demandes, alors elle s'est spécialisée dans ce format.

Exemple 2 : Hugo, créateur de contenu en pleine expansion
Hugo utilise les statistiques de YouTube pour identifier les types de vidéos les plus populaires auprès de son audience. Il ajuste son contenu en conséquence.

Exemple 3 : Sophie, vendeuse en ligne réactive
Sophie surveille ses ventes hebdomadaires sur Shopify. Lorsqu'un produit se vend mal, elle ajuste son marketing ou explore d'autres articles à ajouter à sa boutique.

Conseil : Fixez un moment chaque semaine ou chaque mois pour analyser vos performances. Notez vos observations et planifiez les ajustements nécessaires.

10.2 Les outils pour mesurer vos performances

Voici quelques outils pratiques pour évaluer votre activité :

1. **Google Analytics** : Analysez le trafic de votre site web ou de votre blog.

2. **Statistiques des réseaux sociaux** : Exploitez les données sur l'engagement et la portée de vos publications (Instagram Insights, TikTok Analytics, YouTube Studio).

3. **Logiciels de gestion financière** : Utilisez Excel, QuickBooks ou Wave pour suivre vos revenus et dépenses.

Exemple 1 : Léa, blogueuse en pleine croissance
Léa utilise Google Analytics pour surveiller les pages les plus visitées de son blog. Elle améliore son contenu basé sur ces données pour augmenter ses revenus publicitaires.

Exemple 2 : Lucas, entrepreneur en dropshipping
Lucas surveille les publicités Facebook pour mesurer leur retour sur investissement. Il ajuste ses campagnes pour éliminer les annonces peu performantes.

Exemple 3 : Clara, gestionnaire d'un compte Instagram
Clara analyse les statistiques d'Instagram pour identifier les publications qui génèrent le plus d'engagement. Elle s'appuie sur ces données pour planifier son contenu futur.

Conseil : Familiarisez-vous avec ces outils pour comprendre quelles actions mènent à des résultats positifs et lesquelles nécessitent des ajustements.

10.3 Ajuster vos stratégies en fonction des résultats

L'évaluation ne sert à rien si elle n'est pas suivie de décisions concrètes. Voici comment ajuster vos stratégies :

1. **Supprimez les activités inefficaces** : Identifiez les tâches chronophages qui rapportent peu.

2. **Investissez davantage dans ce qui fonctionne** : Si un produit, un service ou une méthode performe bien, allouez-y plus de ressources.

3. **Testez de nouvelles approches** : Expérimentez avec de nouvelles idées pour élargir vos horizons.

Exemple 1 : Marc, freelance en design graphique
Marc a remarqué que les clients paient davantage pour des packages complets (logos, bannières, cartes de visite). Il propose maintenant des forfaits au lieu de services unitaires.

Exemple 2 : Sophie, testeuse de produits
Sophie a arrêté de travailler sur des plateformes peu rentables pour se concentrer sur celles qui offrent des paiements plus élevés, comme UserTesting.

Exemple 3 : Paul, créateur de cours en ligne
Paul a testé plusieurs formats pour son cours de photographie. En proposant un module gratuit en échange d'une adresse e-mail, il a doublé le nombre de ses clients payants.

Conseil : Ne craignez pas de laisser tomber une méthode qui ne fonctionne pas, même si vous y avez consacré du temps ou des efforts.

10.4 Fixer de nouveaux objectifs

Une fois que vous avez ajusté vos stratégies, définissez de nouveaux objectifs pour continuer à progresser :

1. **Objectifs financiers** : Augmenter vos revenus mensuels ou votre rentabilité.

2. **Objectifs qualitatifs** : Améliorer la satisfaction client ou la qualité de vos produits.

3. **Objectifs d'expansion** : Élargir votre audience ou diversifier vos activités.

Exemple 1 : Clara, freelance ambitieuse
Clara souhaite augmenter ses revenus mensuels de 1 500 € à 2 000 €. Elle prévoit de trouver deux nouveaux clients réguliers d'ici trois mois.

Exemple 2 : Lucas, vendeur en ligne
Lucas veut élargir sa boutique en ligne en ajoutant trois nouveaux produits populaires dans sa niche.

Exemple 3 : Léa, blogueuse proactive
Léa se fixe comme objectif d'atteindre 50 000 visiteurs uniques par mois d'ici six mois en publiant deux nouveaux articles chaque semaine.

Conseil : Décomposez vos objectifs en étapes réalisables. Par exemple, au lieu de viser directement 2 000 € de revenus mensuels supplémentaires, fixez des étapes intermédiaires.

10.5 Adopter une mentalité de croissance

La capacité à progresser repose sur une mentalité de croissance. Voici quelques principes pour rester motivé :

1. **Apprenez en continu** : Investissez du temps pour vous former et suivre les tendances de votre secteur.

2. **Soyez ouvert(e) au changement** : Acceptez de modifier vos méthodes si cela peut améliorer vos résultats.

3. **Célébrez vos succès** : Prenez le temps de reconnaître vos progrès pour rester motivé.

Exemple 1 : Sophie, entrepreneuse en constante évolution
Sophie suit des formations en ligne pour rester compétitive dans son domaine. Cela lui a permis d'ajouter de nouvelles compétences à son activité.

Exemple 2 : Hugo, créateur adaptable
Hugo adapte son contenu aux retours de ses abonnés. Cette approche flexible lui a permis de fidéliser son audience.

Exemple 3 : Clara, adepte de la gratitude
Clara tient un journal où elle note ses succès et les défis surmontés. Cela l'aide à rester motivée, même lors des périodes difficiles.

Conseil : Adoptez une approche d'apprentissage continu et soyez prêt à expérimenter pour vous améliorer.

Résumé du chapitre

Évaluer et ajuster votre activité est une étape cruciale pour progresser. Pour optimiser vos résultats :

1. Analysez régulièrement vos performances à l'aide d'outils adaptés.

2. Ajustez vos stratégies en supprimant ce qui ne fonctionne pas et en renforçant vos succès.

3. Fixez de nouveaux objectifs ambitieux mais atteignables.

4. Adoptez une mentalité de croissance en apprenant continuellement et en restant flexible.

Dans le prochain chapitre, nous découvrirons comment diversifier vos sources de revenus pour sécuriser et maximiser vos gains.

Chapitre 11 : diversifier ses sources de revenus pour sécuriser ses gains

La diversification des sources de revenus est une stratégie essentielle pour réduire les risques financiers et sécuriser votre activité à domicile. En multipliant vos canaux de revenus, vous diminuez votre dépendance à une seule activité et pouvez mieux faire face aux imprévus.

Dans ce chapitre, nous verrons pourquoi et comment diversifier vos revenus, avec des exemples concrets pour vous inspirer.

11.1 Pourquoi diversifier ses revenus ?

Dépendre d'une seule source de revenus peut être risqué. Voici les principaux avantages de la diversification :

1. **Réduire les risques financiers** : Si une activité ne fonctionne pas ou rencontre des difficultés, les autres sources peuvent compenser.

2. **Augmenter vos gains** : Plusieurs sources de revenus peuvent se compléter pour maximiser vos profits.

3. **Explorer de nouvelles opportunités** : Tester différentes activités vous permet de découvrir ce qui fonctionne le mieux pour vous.

Exemple 1 : Clara, rédactrice et créatrice d'e-books
Clara combine la rédaction freelance avec la vente d'e-books sur Amazon. Cela lui permet de maintenir un revenu stable, même si elle perd un client.

Exemple 2 : Hugo, vendeur en ligne et influenceur

Hugo gère une boutique en dropshipping tout en monétisant son compte Instagram grâce à des partenariats. Ses revenus sont ainsi diversifiés entre ventes directes et collaborations.

Exemple 3 : Sophie, enseignante et consultante

Sophie donne des cours particuliers en ligne, mais elle propose également des services de consulting dans son domaine d'expertise.

Conseil : Diversifiez progressivement pour éviter de vous éparpiller. Commencez par une activité principale, puis ajoutez des sources complémentaires.

11.2 Identifier des sources de revenus complémentaires

Voici quelques idées de sources de revenus que vous pouvez combiner :

1. **Freelance et consulting** : Offrez vos services à des clients tout en partageant vos conseils via des consultations.

2. **Produits numériques** : Vendez des e-books, des cours en ligne ou des modèles graphiques.

3. **Affiliation** : Recommandez des produits ou services via un blog, une chaîne YouTube ou les réseaux sociaux.

4. **Investissements** : Générez des revenus passifs grâce aux actions, ETF ou crowdfunding immobilier.

5. **Commerce en ligne** : Créez une boutique pour vendre des produits physiques ou numériques.

Exemple 1 : Marc, freelance et formateur

Marc propose des services de design graphique en freelance et vend une formation en ligne pour apprendre les bases du graphisme.

Exemple 2 : Julie, blogueuse et affiliée

Julie tient un blog de voyage où elle gagne de l'argent via les publicités et les liens affiliés vers des hôtels ou des agences de voyages.

Exemple 3 : Paul, investisseur et propriétaire Airbnb

Paul combine les revenus de ses investissements boursiers avec la location d'un appartement sur Airbnb.

Conseil : Choisissez des sources complémentaires qui s'alignent sur vos compétences et votre domaine d'activité.

11.3 Construire un portefeuille de revenus diversifié

Voici les étapes pour bâtir un portefeuille de revenus diversifiés :

1. **Analysez vos compétences actuelles** : Identifiez les domaines où vous pouvez créer de nouvelles opportunités.

2. **Commencez par une activité principale** : Développez une base solide avant d'ajouter d'autres sources.

3. **Ajoutez des activités progressives** : Intégrez des activités qui demandent peu d'efforts ou de gestion, comme les produits numériques ou l'affiliation.

Exemple 1 : Léa, entrepreneuse polyvalente
Léa a commencé par rédiger des articles en freelance. Elle a ensuite publié un e-book basé sur ses connaissances, ce qui lui a permis d'augmenter ses revenus passifs.

Exemple 2 : Lucas, testeur et affilié
Lucas teste des produits technologiques pour des marques et gagne des commissions d'affiliation en recommandant ces produits sur son blog.

Exemple 3 : Clara, coach en ligne
Clara propose des séances de coaching payantes tout en vendant des guides téléchargeables liés à ses services.

Conseil : Évaluez régulièrement vos différentes sources de revenus pour vous concentrer sur celles qui sont les plus rentables.

11.4 Protéger et sécuriser vos revenus diversifiés

La diversification ne garantit pas une sécurité totale. Voici comment protéger vos gains :

1. **Épargnez une partie de vos revenus** : Constituez un fonds d'urgence équivalent à trois à six mois de dépenses.

2. **Automatisez vos revenus** : Configurez des flux de revenus passifs (e-books, affiliations) pour réduire le temps de gestion.

3. **Assurez-vous contre les imprévus** : Par exemple, souscrivez à une assurance responsabilité professionnelle si vous proposez des services.

Exemple 1 : Sophie, entrepreneuse prévoyante

Sophie met de côté 20 % de ses revenus mensuels pour faire face aux imprévus et investir dans de nouveaux projets.

Exemple 2 : Hugo, vendeur en ligne automatisé

Hugo a automatisé sa boutique en ligne via le dropshipping, ce qui lui permet de générer des revenus même lorsqu'il prend des vacances.

Exemple 3 : Léa, affiliée diversifiée

Léa utilise plusieurs programmes d'affiliation pour ne pas dépendre d'un seul. Ainsi, si une plateforme change ses conditions, elle peut continuer à gagner de l'argent via d'autres sources.

Conseil : Répartissez vos revenus sur différents comptes ou plateformes pour éviter les blocages inattendus.

11.5 Éviter les pièges de la diversification

Diversifier ses revenus est une excellente stratégie, mais elle comporte certains risques :

1. **Se disperser** : Trop de projets simultanés peuvent nuire à votre efficacité. Priorisez vos activités principales.

2. **Négliger la qualité** : Gardez un haut niveau de qualité dans toutes vos activités pour fidéliser vos clients ou votre audience.

3. **Manquer de focus** : Diversifiez uniquement dans des domaines où vous avez une expertise ou un réel intérêt.

Exemple 1 : Clara, entrepreneuse centrée

Clara a failli s'éparpiller en lançant plusieurs projets en même temps. Elle a recentré ses efforts sur la rédaction freelance et la création d'e-books, ce qui a doublé ses revenus.

Exemple 2 : Marc, formateur rigoureux

Marc s'assure que chaque formation qu'il propose est complète et de qualité, même s'il doit consacrer plus de temps à leur préparation.

Conseil : Diversifiez progressivement et évaluez l'impact de chaque nouvelle source de revenus avant d'en ajouter d'autres.

Résumé du chapitre

La diversification des revenus est un pilier de la sécurité financière et de la croissance. Pour réussir :

1. Commencez par une activité principale avant d'ajouter des sources complémentaires.

2. Utilisez vos compétences et vos ressources pour développer des revenus passifs ou semi-passifs.

3. Protégez vos gains grâce à l'épargne et à l'automatisation.

4. Évitez de vous disperser en vous concentrant sur la qualité et les résultats.

Dans le prochain chapitre, nous explorerons comment maintenir un équilibre entre vie professionnelle et vie personnelle tout en diversifiant vos activités.

Chapitre 12 : trouver l'équilibre entre vie professionnelle et personnelle

Lorsque vous travaillez depuis chez vous, la frontière entre vie professionnelle et vie personnelle peut facilement se brouiller. Sans un équilibre sain, vous risquez de ressentir du stress, de la fatigue ou même un épuisement professionnel. Dans ce chapitre, nous vous guiderons pour maintenir cet équilibre essentiel, tout en optimisant votre productivité et votre bien-être.

12.1 Pourquoi l'équilibre est-il essentiel ?

Un déséquilibre entre travail et vie personnelle peut entraîner :

1. **Une baisse de productivité** : Un surmenage réduit votre capacité à accomplir vos tâches efficacement.

2. **Des impacts sur la santé mentale** : Le stress chronique peut entraîner de l'anxiété ou des troubles du sommeil.

3. **Des tensions relationnelles** : Passer trop de temps à travailler peut nuire à vos relations personnelles.

Exemple 1 : Clara, freelance débordée
Clara travaillait 10 heures par jour sans s'accorder de pauses. Elle a commencé à ressentir de l'épuisement, ce qui a affecté la qualité de son travail. En instaurant des horaires fixes, elle a retrouvé un équilibre et une meilleure productivité.

Exemple 2 : Marc, entrepreneur équilibré
Marc planifie ses journées en incluant du temps pour sa famille et ses loisirs. Cela lui permet de se déconnecter mentalement du travail et de mieux se concentrer lorsqu'il revient à ses tâches.

Exemple 3 : Julie, créatrice de contenu inspirée
Julie, qui travaille sur TikTok, prend un jour de repos complet chaque semaine. Cela lui permet de rester créative et de générer de nouvelles idées.

Conseil : Considérez l'équilibre travail-vie personnelle comme une priorité, pas comme un luxe.

12.2 Mettre en place des horaires structurés

Des horaires clairs sont essentiels pour séparer vos temps de travail et vos moments personnels :

1. **Définissez des heures de travail fixes** : Décidez à quelle heure vous commencez et terminez chaque jour.

2. **Planifiez des pauses régulières** : Prenez au moins 5 à 10 minutes toutes les heures et une pause déjeuner complète.

3. **Respectez vos horaires** : Évitez de travailler en dehors des plages prévues.

Exemple 1 : Lucas, freelance discipliné
Lucas commence à travailler chaque jour à 9h et termine à 17h, avec une

pause déjeuner de 12h à 13h. Il éteint son ordinateur à la fin de la journée pour éviter de prolonger son travail.

Exemple 2 : Léa, entrepreneuse organisée
Léa travaille de 10h à 15h pour s'occuper de ses enfants le reste de la journée. Elle se concentre sur ses tâches prioritaires pendant ces heures.

Exemple 3 : Hugo, créateur en ligne
Hugo réserve ses soirées pour ses loisirs et ses amis, ce qui l'aide à maintenir un bon équilibre mental.

Conseil : Bloquez vos horaires dans un calendrier numérique pour vous aider à les respecter.

12.3 Créer un espace de travail dédié

Un espace de travail bien défini aide à maintenir une séparation psychologique entre travail et vie personnelle :

1. **Aménagez un coin spécifique** : Si possible, dédiez une pièce ou un espace à votre activité.

2. **Personnalisez votre espace** : Rendez-le agréable et ergonomique pour améliorer votre confort et votre concentration.

3. **Évitez les distractions** : Placez votre espace loin de la télévision ou des zones à forte activité.

Exemple 1 : Clara, freelance en rédaction
Clara a transformé un coin de sa chambre en bureau avec un bureau compact et une lampe adaptée. Cela l'aide à se mettre en mode "travail" dès qu'elle s'assoit.

Exemple 2 : Paul, entrepreneur en e-commerce
Paul a aménagé un bureau dans son garage pour se concentrer sans être dérangé par le bruit de la maison.

Exemple 3 : Julie, créatrice de bijoux
Julie utilise une table dédiée à son atelier de fabrication et la range à la fin de la journée pour ne pas mélanger travail et vie personnelle.

Conseil : Investissez dans une chaise ergonomique et un bon éclairage pour éviter les douleurs et la fatigue.

12.4 Apprendre à dire non

Savoir dire non est essentiel pour protéger votre équilibre. Cela inclut :

1. **Refuser des tâches supplémentaires** : Ne surchargez pas votre planning au détriment de votre santé ou de votre famille.

2. **Limiter les distractions extérieures** : Évitez de répondre aux appels ou messages non urgents pendant vos heures de travail.

3. **Fixer des limites claires** : Communiquez vos disponibilités à vos clients, collègues ou proches.

Exemple 1 : Sophie, rédactrice freelance
Sophie avait tendance à accepter toutes les missions. Elle a appris à dire non aux projets peu lucratifs pour se concentrer sur ceux qui apportent plus de valeur.

Exemple 2 : Hugo, influenceur en pleine croissance
Hugo limite ses collaborations avec des marques qui ne correspondent pas à ses valeurs, même si elles sont bien rémunérées.

Exemple 3 : Clara, freelance proactive
Clara a expliqué à ses proches qu'elle ne pouvait pas être dérangée entre 9h et 17h. Cela a réduit les interruptions et amélioré sa productivité.

Conseil : Dire non est une compétence précieuse. Pratiquez-la pour protéger votre temps et votre énergie.

12.5 Prendre soin de soi

Le travail à domicile peut parfois vous pousser à négliger votre bien-être physique et mental. Voici comment y remédier :

1. **Faites de l'exercice** : Intégrez une activité physique quotidienne, comme marcher, faire du yoga ou aller à la salle de sport.

2. **Pratiquez la pleine conscience** : Essayez des techniques de méditation ou de respiration pour réduire le stress.

3. **Prenez des jours de repos complets** : Détachez-vous complètement du travail pendant une journée chaque semaine.

Exemple 1 : Julie, freelance sportive

Julie commence sa journée par une session de 20 minutes de yoga. Cela l'aide à rester concentrée et calme tout au long de la journée.

Exemple 2 : Léa, entrepreneuse réfléchie

Léa utilise une application de méditation pendant ses pauses pour réduire son stress et rester productive.

Exemple 3 : Lucas, travailleur à domicile actif

Lucas prend une marche de 30 minutes après le déjeuner pour se détendre et se rafraîchir l'esprit avant de reprendre son travail.

Conseil : Écoutez votre corps. Si vous ressentez de la fatigue ou du stress, accordez-vous une pause ou une journée pour vous ressourcer.

Résumé du chapitre

Maintenir un équilibre entre vie professionnelle et personnelle est crucial pour votre santé mentale et votre succès à long terme. Pour y parvenir :

1. Définissez des horaires de travail fixes et respectez-les.

2. Aménagez un espace de travail dédié et ergonomique.

3. Apprenez à dire non pour protéger votre temps et votre énergie.

4. Prenez soin de vous en intégrant des activités physiques et mentales apaisantes dans votre routine.

Dans le prochain chapitre, nous aborderons comment mesurer votre succès global et planifier vos prochaines étapes pour continuer à évoluer.

Chapitre 13 : mesurer son succès et planifier ses prochaines étapes

Mesurer votre succès et planifier l'avenir sont des étapes essentielles pour maintenir une activité prospère à domicile. En évaluant vos réalisations et en fixant de nouveaux objectifs, vous pourrez continuer à évoluer tout en restant motivé.

Dans ce chapitre, nous examinerons comment définir le succès, analyser vos progrès et établir un plan clair pour l'avenir.

13.1 Définir le succès à votre manière

Le succès ne se limite pas uniquement aux gains financiers. Il peut prendre plusieurs formes :

1. **Succès financier** : Atteindre vos objectifs de revenus mensuels ou annuels.

2. **Succès personnel** : Avoir un équilibre entre travail et vie personnelle.

3. **Succès professionnel** : Développer vos compétences et renforcer votre réputation.

Exemple 1 : Clara, rédactrice épanouie
Pour Clara, le succès signifie travailler 30 heures par semaine tout en gagnant un revenu stable de 2 000 € par mois. Elle valorise également le temps passé avec sa famille.

Exemple 2 : Hugo, entrepreneur ambitieux
Hugo mesure son succès par la croissance de son entreprise en ligne. Il vise à doubler ses ventes chaque année.

Exemple 3 : Léa, créatrice inspirée
Pour Léa, le succès réside dans le fait de travailler sur des projets qui la passionnent tout en inspirant son audience.

Conseil : Prenez le temps de définir ce que le succès signifie pour vous. Vos priorités peuvent évoluer, et c'est normal.

13.2 Analyser vos performances

Pour mesurer votre succès, il est essentiel d'évaluer régulièrement vos performances. Voici comment :

1. **Examinez vos objectifs financiers** : Avez-vous atteint vos cibles de revenus ? Quels mois ont été les plus productifs ?

2. **Analysez votre productivité** : Quels projets ou tâches ont été les plus efficaces en termes de temps et de résultats ?

3. **Évaluez votre satisfaction personnelle** : Avez-vous ressenti du stress ou de l'épanouissement dans votre travail ?

Exemple 1 : Sophie, freelance en évaluation
Sophie analyse ses revenus chaque trimestre. Elle identifie ses clients les plus rentables et les projets qui lui ont apporté le plus de satisfaction.

Exemple 2 : Lucas, vendeur en ligne pragmatique
Lucas utilise des tableaux Excel pour suivre ses ventes et les performances de ses campagnes publicitaires. Cela lui permet de repérer ce qui fonctionne et ce qui doit être ajusté.

Exemple 3 : Clara, créatrice de contenu analytique
Clara examine les statistiques de son blog et de ses réseaux sociaux pour comprendre quelles publications génèrent le plus d'engagement.

Conseil : Planifiez des bilans réguliers (mensuels, trimestriels ou annuels) pour faire le point sur vos performances.

13.3 Identifier les opportunités d'amélioration

Une fois vos performances analysées, identifiez les domaines où vous pouvez vous améliorer :

1. **Optimisez vos revenus** : Augmentez vos tarifs ou explorez de nouvelles sources de revenus.

2. **Affinez vos processus** : Automatisez ou simplifiez les tâches chronophages.

3. **Développez vos compétences** : Suivez des formations pour rester compétitif dans votre domaine.

Exemple 1 : Marc, freelance en progression
Marc a suivi une formation en marketing digital pour attirer des clients plus prestigieux. Cela a doublé son chiffre d'affaires en un an.

Exemple 2 : Léa, entrepreneuse flexible
Léa a automatisé ses publications sur les réseaux sociaux en utilisant un outil de gestion. Cela lui a libéré du temps pour se concentrer sur la création de contenu.

Exemple 3 : Paul, coach en évolution
Paul a élargi ses services en proposant des sessions de groupe en plus de ses consultations individuelles. Cela lui a permis d'augmenter ses revenus.

Conseil : Notez vos points faibles et recherchez des solutions pour les transformer en opportunités.

13.4 Planifier vos prochaines étapes

Un plan clair vous aidera à atteindre vos objectifs futurs. Voici comment le construire :

1. **Fixez des objectifs à court terme** : Quelles actions pouvez-vous réaliser dans les 3 à 6 prochains mois ?

2. **Élaborez des objectifs à long terme** : Où voulez-vous être dans 1 an ou 5 ans ?

3. **Créez un plan d'action** : Listez les étapes nécessaires pour atteindre vos objectifs et fixez des échéances réalistes.

Exemple 1 : Clara, rédactrice ambitieuse
Clara veut écrire un e-book dans les 6 prochains mois. Elle se fixe un objectif hebdomadaire de 2 000 mots pour y parvenir.

Exemple 2 : Lucas, entrepreneur stratégique
Lucas prévoit d'ajouter deux nouveaux produits à sa boutique en ligne d'ici trois mois. Il alloue un budget spécifique pour tester ces articles.

Exemple 3 : Sophie, entrepreneuse en croissance
Sophie souhaite augmenter ses revenus de 20 % en un an. Elle planifie de lancer une formation en ligne pour atteindre cet objectif.

Conseil : Divisez vos objectifs en étapes concrètes et suivez régulièrement votre progression.

13.5 Célébrer vos réussites

Ne négligez pas l'importance de célébrer vos succès, même les plus petits. Cela vous aidera à rester motivé et à apprécier le chemin parcouru :

1. **Reconnaissez vos progrès** : Prenez un moment pour évaluer ce que vous avez accompli.

2. **Récompensez-vous** : Offrez-vous une pause, un voyage ou un cadeau pour marquer vos réussites.

3. **Partagez vos succès** : Impliquez vos proches ou votre communauté dans vos célébrations.

Exemple 1 : Clara, adepte de la reconnaissance
Clara célèbre chaque nouvelle étape franchie, comme signer un contrat important ou atteindre un objectif financier.

Exemple 2 : Hugo, entrepreneur en quête d'équilibre
Hugo s'accorde une journée de repos après chaque grande réalisation, comme le lancement d'un nouveau produit.

Exemple 3 : Julie, créatrice en ligne
Julie partage ses réussites avec son audience, ce qui renforce son lien avec ses abonnés et l'encourage à continuer.

Conseil : Intégrez des moments de célébration dans votre routine pour maintenir votre motivation à long terme.

Résumé du chapitre

Mesurer votre succès et planifier vos prochaines étapes sont des étapes cruciales pour continuer à évoluer. Pour réussir :

1. Définissez le succès selon vos propres critères.

2. Analysez vos performances régulièrement pour identifier vos forces et vos faiblesses.

3. Élaborez un plan clair pour atteindre vos objectifs futurs.

4. Prenez le temps de célébrer vos réussites pour rester motivé.

Dans le prochain chapitre, nous conclurons avec des conseils pour maintenir votre élan et continuer à développer votre activité à domicile.

Chapitre 14 : conseils finaux pour maintenir votre élan

La réussite dans une activité à domicile repose sur votre capacité à rester motivé, à vous adapter aux changements et à continuer à évoluer. Ce dernier chapitre rassemble des conseils pratiques pour garder le cap et assurer une croissance durable, tout en maintenant un équilibre sain.

14.1 Adoptez une mentalité de croissance

Une mentalité de croissance vous pousse à voir chaque défi comme une opportunité d'apprentissage. Voici comment la cultiver :

1. **Apprenez en continu** : Investissez du temps dans des formations, des livres ou des podcasts pour développer vos compétences.

2. **Soyez ouvert(e) aux changements** : Acceptez que certaines stratégies nécessitent des ajustements en fonction des résultats.

3. **Célébrez les progrès** : Même les petites réussites méritent d'être reconnues.

Exemple 1 : Marc, freelance ambitieux
Marc suit régulièrement des cours en ligne pour rester compétitif dans son domaine. Cela lui permet de proposer de nouvelles compétences à ses clients.

Exemple 2 : Clara, créatrice de contenu adaptable
Clara a remarqué une baisse de l'engagement sur son blog. Elle a utilisé les retours de son audience pour ajuster son contenu et retrouver une dynamique.

Exemple 3 : Sophie, entrepreneuse inspirée
Sophie célèbre chaque nouveau partenariat en s'accordant un moment de pause pour se ressourcer.

Conseil : Considérez chaque défi comme une étape vers un succès plus grand. Prenez le temps de réfléchir à ce que vous avez appris.

14.2 S'adapter aux évolutions du marché

Le monde du travail en ligne évolue constamment. Pour rester compétitif, il est essentiel de :

1. **Surveiller les tendances** : Abonnez-vous à des blogs ou newsletters de votre secteur pour rester informé.

2. **Tester de nouvelles approches** : Essayez de nouveaux outils ou stratégies pour voir ce qui fonctionne le mieux.

3. **Diversifiez vos activités** : Explorez des domaines complémentaires pour éviter de dépendre d'une seule source de revenus.

Exemple 1 : Hugo, entrepreneur curieux
Hugo a adopté l'intelligence artificielle pour automatiser certaines tâches répétitives. Cela lui a fait gagner du temps et améliorer son efficacité.

Exemple 2 : Julie, vendeuse en ligne proactive
Julie suit les tendances saisonnières pour adapter les produits de sa boutique. Cela lui permet d'augmenter ses ventes pendant les périodes clés.

Exemple 3 : Lucas, utilisateur de nouvelles plateformes
Lucas a testé une nouvelle marketplace pour vendre ses produits et a découvert un nouveau public cible.

Conseil : Consacrez du temps chaque mois pour explorer les évolutions de votre secteur et ajuster vos stratégies en conséquence.

14.3 Maintenez votre motivation

Garder la motivation est un défi, surtout dans une activité indépendante. Voici des astuces pour rester inspiré :

1. **Fixez des objectifs réalistes** : Évitez de vous surcharger et divisez vos objectifs en étapes atteignables.

2. **Trouvez une source d'inspiration** : Suivez des mentors ou des experts dans votre domaine pour stimuler votre créativité.

3. **Prenez des pauses régulières** : L'épuisement peut nuire à votre motivation. Accordez-vous du temps pour déconnecter.

Exemple 1 : Léa, créatrice de contenu disciplinée
Léa planifie ses semaines en incluant des pauses pour éviter le surmenage. Cela lui permet de rester concentrée et productive.

Exemple 2 : Paul, freelance inspiré
Paul suit les publications d'entrepreneurs qu'il admire. Cela l'aide à rester motivé et à se fixer de nouveaux objectifs ambitieux.

Exemple 3 : Clara, adepte de la gratitude
Clara tient un journal où elle note ses réussites et ses moments de gratitude. Cela l'encourage à continuer, même lors des périodes difficiles.

Conseil : N'attendez pas d'être épuisé pour vous reposer. Faites de la gestion de votre énergie une priorité.

14.4 Créez un réseau de soutien

Le travail à domicile peut être isolant. Un bon réseau de soutien peut vous aider à surmonter les obstacles :

1. **Rejoignez des communautés en ligne** : Participez à des forums, groupes Facebook ou Masterminds pour échanger avec d'autres professionnels.

2. **Trouvez un mentor** : Cherchez quelqu'un qui a de l'expérience et peut vous conseiller.

3. **Partagez vos réussites et vos défis** : Discuter avec des pairs peut vous aider à trouver des solutions et à vous sentir moins seul.

Exemple 1 : Sophie, freelance connectée
Sophie échange régulièrement avec d'autres freelances sur LinkedIn pour obtenir des conseils et partager ses réussites.

Exemple 2 : Hugo, membre d'un groupe local
Hugo a rejoint un espace de coworking une fois par semaine, où il a rencontré des entrepreneurs qui partagent les mêmes défis.

Exemple 3 : Marc, mentor et mentoré

Marc offre ses conseils à des freelances débutants tout en apprenant auprès de professionnels plus expérimentés.

Conseil : Ne sous-estimez pas la puissance du réseau. Construisez des relations professionnelles qui vous soutiendront sur le long terme.

14.5 Préparez-vous à l'avenir

La planification à long terme est essentielle pour sécuriser votre activité et vos revenus :

1. **Créez une épargne d'urgence** : Prévoyez au moins trois à six mois de dépenses pour faire face aux imprévus.

2. **Établissez des objectifs à long terme** : Réfléchissez à ce que vous voulez accomplir dans 5 ou 10 ans.

3. **Investissez dans vos compétences** : Apprenez continuellement pour rester pertinent dans votre domaine.

Exemple 1 : Clara, entrepreneuse prévoyante

Clara met de côté 20 % de ses revenus chaque mois pour construire une épargne de précaution.

Exemple 2 : Lucas, stratège à long terme

Lucas planifie de lancer un cours en ligne d'ici deux ans pour diversifier ses revenus et atteindre une audience plus large.

Exemple 3 : Léa, en constante évolution

Léa suit des formations chaque année pour rester à jour avec les nouvelles tendances et outils de son secteur.

Conseil : Voyez votre activité comme un investissement à long terme. Chaque action que vous entreprenez aujourd'hui aura un impact sur votre succès futur.

Résumé du chapitre

Pour maintenir votre élan et continuer à progresser dans votre activité à domicile :

1. Adoptez une mentalité de croissance et d'apprentissage continu.

2. Restez adaptable aux évolutions du marché et testez de nouvelles approches.

3. Préservez votre motivation en fixant des objectifs réalistes et en prenant soin de vous.

4. Construisez un réseau de soutien pour partager vos réussites et vos défis.

5. Préparez-vous à l'avenir en épargnant, en planifiant à long terme et en développant vos compétences.

Conclusion

Le voyage pour gagner de l'argent depuis chez soi est unique à chacun. Ce livre vous a fourni des outils, des stratégies, et des exemples concrets pour vous guider dans cette aventure. Maintenant, c'est à vous de prendre ces idées et de les adapter à vos besoins et à vos ambitions.

Trouver ce qui fonctionne pour vous

Chaque individu a des compétences, des préférences et des ressources différentes. Pour réussir :

- **Expérimentez** : Essayez différentes activités (freelance, création de contenu, commerce en ligne, etc.) pour trouver celle qui correspond le mieux à vos objectifs.

- **Évaluez régulièrement vos progrès** : Analysez ce qui fonctionne et ce qui ne fonctionne pas pour ajuster vos efforts.

- **Restez aligné avec vos passions** : Choisir une activité qui vous motive est essentiel pour maintenir votre élan sur le long terme.

Exemple : Marc a essayé plusieurs types de missions freelance avant de se spécialiser dans le design graphique, où il a trouvé un équilibre entre ses compétences et sa passion.

Continuer à apprendre et à vous adapter

Le travail à domicile évolue rapidement. Pour rester pertinent et compétitif :

- **Formez-vous régulièrement** : Suivez des cours en ligne, lisez des livres, ou participez à des webinaires pour enrichir vos compétences.

- **Surveillez les tendances** : Soyez à l'affût des nouvelles technologies, outils et opportunités dans votre domaine.

- **Adaptez vos stratégies** : Ce qui fonctionne aujourd'hui peut nécessiter des ajustements demain.

Exemple : Sophie, vendeuse en ligne, a adopté de nouvelles techniques de marketing numérique après avoir suivi un cours sur la publicité Facebook. Cela a doublé ses ventes en trois mois.

Préparer un plan à long terme pour sécuriser vos revenus

La stabilité financière repose sur une vision claire et une planification rigoureuse. Pour sécuriser vos revenus :

- **Épargnez régulièrement** : Constituez un fonds d'urgence couvrant trois à six mois de dépenses pour gérer les imprévus.

- **Diversifiez vos activités** : Ne dépendez pas d'une seule source de revenus. Explorez des options comme l'investissement ou la création de produits numériques.

- **Fixez des objectifs à long terme** : Imaginez où vous voulez être dans 5 ou 10 ans, et créez un plan pour y arriver.

Exemple : Hugo, influenceur sur TikTok, a commencé à diversifier ses revenus en créant un e-book sur son domaine d'expertise. Cela lui a permis de stabiliser ses revenus, même pendant les périodes où les collaborations se faisaient rares.

Un dernier mot

Gagner de l'argent depuis chez soi est plus qu'un simple mode de vie : c'est une opportunité de prendre le contrôle de votre temps et de vos finances. Le chemin peut comporter des défis, mais avec persévérance, flexibilité et curiosité, vous pouvez bâtir une activité qui reflète vos aspirations.

Prenez ce livre comme un point de départ. Continuez à explorer, à apprendre, et à grandir. L'avenir est plein de possibilités, et chaque petit pas vous rapproche de vos objectifs.

Bonne chance dans cette aventure et rappelez-vous : le succès est entre vos mains.

www.ingramcontent.com/pod-product-compliance
Lightning Source LLC
Chambersburg PA
CBHW082118220526
45472CB00009B/2224